Serge Théorêt

PRAGUE

Gauche **Le château vu de la colline de Petřín** Droite **Mur mémorial, synagogue Pinkas**

DIRECTION
Cécile Boyer-Runge

RESPONSABLE DE PÔLE
Amélie Baghdiguian

ÉDITION
Catherine Laussucq

TRADUIT ET ADAPTÉ DE L'ANGLAIS PAR
Dominique Brotot
avec la collaboration d'Isabelle de Jaham
et de Aurélie Pregliasco

MISE EN PAGES (PAO)
Maogani

www.dk.com

Ce guide *Top 10* a été établi par
Théodore Schwinke

Publié pour la première fois en Grande-Bretagne en 2003 sous le titre : *Eyewitness Top 10 Travel Guides : Top 10 Prague*

IMPRIMÉ ET RELIÉ EN ITALIE PAR
GRAPHICOM

Sommaire

Prague Top 10

Éditions Libre Expression
7, chemin Bates
Outremont (Québec)
H2V 4V7

Dépôt légal : 1er trimestre 2005
ISBN : 2-7648-0206-4

Le classement des différents sites est un choix de l'éditeur et n'implique ni leur qualité ni leur notoriété.

Aussi soigneusement qu'il ait été établi, ce guide n'est pas à l'abri des changements de dernière heure. Faites-nous part de vos remarques, informez-nous de vos découvertes personnelles : nous accordons la plus grande attention au courrier de nos lecteurs.

Certains bâtiments et sites peuvent être en reconstruction après l'inondation survenue en août 2002.

Gauche **Monument aux victimes du communisme, place Venceslas** Droite **Verrerie de Bohême**

Visiter Prague

Mode d'emploi

Gauche **Notre-Dame-de-Lorette** Droite **Maison Štorch, place Venceslas**

Légende des abréviations
EP *entrée payante* **EG** *entrée gratuite* **AH** *accès handicapés*

PRAGUE TOP 10

TOP 10 À ne pas manquer

La capitale tchèque possède une longue histoire que son architecture rend très vivante. Une haute cathédrale principalement gothique domine le château de Prague, fondé au IXe s. Au pied s'étend Malá Strana, quartier riche en palais et jardins baroques. Sur l'autre rive de la Vltava, la Vieille Ville conserve des édifices médiévaux et Renaissance, tandis que Josefov et la Nouvelle Ville se sont parés de joyaux Art nouveau au tournant du XXe s.

1 Château de Prague

L'ancienne forteresse des Přemyslides reste la résidence officielle du chef de l'État tchèque. Ses nombreux palais, églises, musées et jardins justifient une journée de visite *(p. 8-11)*.

2 Cathédrale Saint-Guy

La construction de l'église prit 500 ans. Ses flèches se dressent au sommet de la colline et sa tour sud ménage une vue superbe. La crypte abrite les tombeaux des souverains de Bohême *(p. 12-13)*.

3 Place de la Vieille-Ville

Ses bâtiments historiques, dont certains sont d'origine romane, et l'atmosphère détendue qui imprègne les terrasses des cafés font de cette place l'une des plus belles et des plus agréables d'Europe. Venez y contempler la lune se lever entre les tours de Notre-Dame-de-Týn *(p. 14-17)*.

4 Pont Charles

La foule qui s'y presse dans la journée rend parfois difficile d'apprécier la beauté de cet ouvrage d'art médiéval. Cet emblème de la ville mérite tout de même que vous vous déplaciez *(p. 18-19)*.

5 Notre-Dame-de-Lorette

Ce lieu de pèlerinage baroque entoure une reproduction de la Santa Casa. Le trésor conserve de précieux objets cultuels *(p. 20-21)*.

6 Vieux cimetière juif

Au cœur de l'ancien ghetto, l'enchevêtrement de stèles de ce lieu de sépulture aux tombes superposées offre une image de la pression subie par la communauté juive de Prague *(p. 22-25)*.

Musée d'Art moderne 7

La Galerie nationale présente ses collections d'art moderne et contemporain au palais des Expositions, le premier édifice fonctionnaliste *(p. 26-27)*.

8 Couvent Sainte-Agnès

Fondé vers 1230 par une princesse qui préféra la vie monastique aux plaisirs de la cour des Přemyslides, le plus vieil édifice gothique de Prague abrite les collections d'art médiéval de la Galerie nationale *(p. 28-29)*.

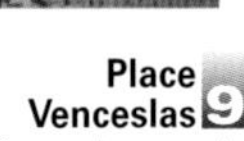

Place Venceslas 9

Cet ancien marché aux chevaux est devenu le pôle de la ville moderne. Ses monuments rappellent le rôle central que joua la place dans l'histoire mouvementée de la nation *(p. 30-31)*.

10 Colline de Petřín

Les sentiers qui sillonnent cette hauteur boisée dominant Malá Strana offrent de beaux panoramas. Une vieille église ukrainienne compte parmi les surprises romantiques qui agrémentent la promenade *(p. 32-33)*.

TOP 10 Château de Prague

Dominé par les flèches de la cathédrale Saint-Guy (p. 12-13), *le château de Prague (Pražský Hrad), résidence du président de la République, a pour origine une forteresse bâtie au* IXe *s. par le prince Bořivoj, fondateur de la première dynastie tchèque : les Přemyslides. Ceux-ci dirigèrent le pays depuis cette éminence au-dessus de la Vltava où ils édifièrent trois églises et un monastère. Les Habsbourgs y établirent ensuite, pendant un temps, leur résidence principale, reconstruite dans le style Renaissance au* XVIe *s.*

Entrée principale

La relève de la garde, à midi, est plus spectaculaire le dimanche.

À 10 h tous les jours, un quatuor de cuivres joue dans le pavillon dominant l'escalier du nouveau château et Malá Strana.

- *Hradčany, Prague 1*
- *plan C2*
- *243 373368*
- *www.hrad.cz*
- *château : avr.-oct. : t.l.j. 5h-24h, nov.-mars : t.l.j. 6h-23h ; palais royal : avr.-oct. : t.l.j. 9h-17h, nov.-mars : t.l.j. 9h-16h ; couvent Saint-Georges : mar.-dim. 10h-18h ; basilique Saint-Georges : avr.-oct. : t.l.j. 9h-17h, nov.-mars : t.l.j. 9h-16h*
- *EP 220 Kč (accès à la cathédrale Saint-Guy, au palais royal, à la basilique Saint-Georges et à la tour des Poudres).*

À ne pas manquer

1. Palais royal
2. Jardins du Sud
3. Jardins royaux
4. Combats de géants
5. Couvent Saint-Georges
6. Basilique Saint-Georges
7. Tour Blanche
8. Tour des Poudres
9. Ruelle d'Or
10. Tour Daliborka

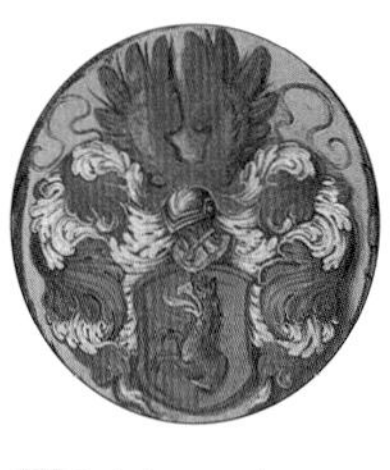

1 Palais royal

Il conserve des vestiges, de styles divers, des demeures des princes de Bohême qui s'y succédèrent *(p. 10-11)*. Des armoiries décorent la chambre des Nouveaux Registres provinciaux *(ci-dessus)*.

2 Jardins du Sud

Ferdinand Ier et son fils Maximilien II agrémentèrent de verdure l'austère citadelle à la fin du XVIe s. Josip Plečnik, architecte de la Première République, créa les allées qui descendent jusqu'au quartier de Malá Strana *(à droite)*.

3 Jardins royaux

Ces « jardins de plaisir » créés pour la reine Anne abritent le palais d'été du Belvédère, le Jeu de paume et l'ancienne ménagerie.

Visite détaillée de Hradčany **p. 90-93**

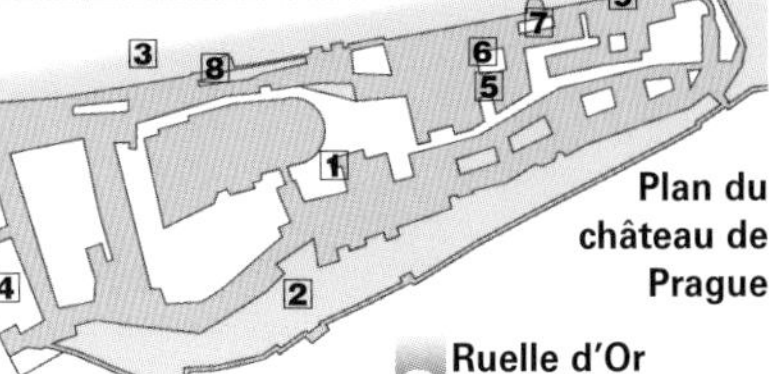

Plan du château de Prague

4 Combat de géants

Ces imposants groupes sculptés par Ignatz Platzer dominent l'entrée de la première cour depuis le XVIIIe s.

5 Couvent Saint-Georges

Le plus ancien couvent tchèque, fondé au Xe s. par la princesse Mlada, abrite une collection d'art. Des bénédictines en occupent une partie.

6 Basilique Saint-Georges

Le prince Vratislav édifia cette église romane en 921. Des peintures du XVIe s. *(ci-dessous)* décorent la chapelle de sainte Ludmilla, grand-mère de saint Venceslas.

7 Tour Blanche

Elle renferme une salle de tortures et des vendeurs de souvenirs macabres. Des répliques d'armes jalonnent le chemin de ronde d'où les archers surveillaient jadis le fossé.

8 Tour des Poudres

Rodolphe II y installa des alchimistes en quête de la pierre philosophale. Curieusement, le nom tchèque, *« mihulka »*, évoque un lieu servant à la conservation des lamproies.

9 Ruelle d'Or

Des orfèvres s'installèrent au XVIIIe s. dans ces maisonnettes bâties en 1579 *(ci-dessous)*.

10 Tour Daliborka

Elle porte le nom de son premier détenu, un chevalier condamné à mort pour avoir donné asile à des serfs en fuite *(ci-dessous)*.

Visiter le château

Une grande partie de l'enceinte est ouverte à la promenade, mais il faut acquitter un droit d'entrée, dans la troisième cour, pour visiter certaines salles de la cathédrale, le palais royal, la tour des Poudres et la basilique Saint-Georges. Des billets distincts donnent accès à la ruelle d'Or et au couvent.

Gauche **Chancellerie de Bohême** Droite **Nouveaux Registres provinciaux**

TOP 10 Palais royal

1 Salle Vladislav

Pôle de la vie de la cour, cette vaste salle gothique accueillait les couronnements et des tournois sous ses voûtes à nervures dessinées par Benedikt Ried vers 1490. Depuis 1918, elle sert de cadre aux cérémonies d'investiture des présidents de la République.

2 Escalier des Cavaliers

Ses marches larges et basses permettaient aux chevaliers d'accéder avec leurs montures à la salle Vladislav pour y participer à des joutes.

3 Aile de Louis

Malgré son style Renaissance, dix ans seulement, et quelques marches, séparent l'aile sud de la salle Vladislav. Les nobles de Bohême s'y réunissaient en assemblée pendant les absences du roi.

Escalier des Cavaliers

Diète

4 Chancellerie de Bohême

La guerre de Trente Ans commença ici quand des nobles protestants précipitèrent par la fenêtre deux représentants du pouvoir catholique et leur secrétaire. Un tas de fumier, ou un ange selon une version, sauva les trois hommes.

5 Nouveaux Registres provinciaux

Les blasons peints sur les parois appartenaient aux responsables, de 1614 à 1777, des registres de propriété foncière et de décisions de justice. Jusqu'au règne de Marie-Thérèse, ces registres étaient identifiés par les décors de leurs couvertures.

6 Diète

Dans la salle du parlement médiéval de Bohême, une réplique du XIXe s. a remplacé le trône où le roi prenait place. L'archevêque siégeait à sa droite. Les portraits sur le mur représentent, à partir de la gauche, Marie-Thérèse, son époux François, Joseph II, Léopold II et François Ier, qui combattit Napoléon à Austerlitz.

7 Chapelle de Tous-les-Saints

Petr Parler s'inspira de la Sainte-Chapelle de Paris pour bâtir ce sanctuaire prolongeant à l'est la salle Vladislav. Ravagée par un incendie en 1541, la chapelle possède aujourd'hui un visage baroque. Elle abrite le *Triptyque des Anges* de Hans von Aachen.

8 Résidence de Soběslav

En 1135, le prince Soběslav Ier posa littéralement les fondations du palais actuel en bâtissant le premier château en pierre, de style roman, du site.

9 Sous-sols gothique et roman

Des imitations rappellent que ces salles, enterrées sous des constructions ultérieures, renfermaient les joyaux de la couronne pendant la Seconde Guerre mondiale.

10 Bustes de l'atelier de Petr Parler

Ces imposants portraits remontent à la fin du XIVe s. Ils comprennent les effigies de Jean de Luxembourg, de son fils Charles IV et de son petit-fils Venceslas IV.

Principaux dirigeants à Prague

1. Venceslas (921-935)
2. Otakar II (1253-1278)
3. Charles IV (1346-1378)
4. Venceslas IV (1378-1419)
5. Rodolphe II (1576-1612)
6. Tomáš Garrigue Masaryk (1918-1935)
7. Edvard Beneš (1935-1938 et 1945-1948)
8. Klement Gottwald (1948-1953)
9. Alexander Dubček (1968-1969)
10. Václav Havel (1989-2003)

La troisième Défenestration de Prague

La première Défenestration de l'histoire de Prague remonte au début des guerres hussites en 1419 (p. 107). *Des représentants de Vladislav II Jagellon connurent un sort similaire en 1483. En 1618, plus de cent nobles protestants marchèrent sur le palais royal et jetèrent par la fenêtre deux gouverneurs catholiques et leur secrétaire. Du fumier évacué de la salle Vladislav après un tournoi les sauva d'une chute de 15 m, mais les catholiques attribuèrent leur salut à une intervention angélique. L'incident fut l'étincelle qui déclencha la guerre de Trente Ans. Après leur victoire décisive à la Montagne Blanche en 1620, les Habsbourgs firent exécuter 27 chefs protestants sur la place de la Vieille-Ville* (p. 16-17).

La Défenestration
Peint en 1889, 250 ans après les faits, ce tableau par Václav Brožík témoigne de l'importance pour les Tchèques d'un événement qui entraîna deux siècles de germanisation de leur pays.

TOP 10 Cathédrale Saint-Guy

Riche en œuvres d'art, et témoin de mille ans d'histoire, la cathédrale gothique de Prague (Chrám sv. víta) domine la ville depuis le sommet de la colline de Hradčany. Elle occupe l'emplacement de la rotonde dédiée à un saint romain que Venceslas fit édifier vers 925 sur un lieu de culte païen. Une basilique romane lui succéda, puis l'architecte Mathieu d'Arras entreprit la construction du sanctuaire actuel en 1344. À sa mort, Charles IV engagea le Souabe Petr Parler pour reprendre les travaux. Son atelier les poursuivit jusqu'aux guerres hussites (p. 34). *Les aléas de l'histoire empêchèrent l'achèvement de l'ouvrage avant 1929.*

Vitraux du clocher

L'accès d'une grande partie de la cathédrale est gratuit. Réservez une journée à sa visite et à celle du palais.

- *Troisième cour, château de Prague*
- *plan C2*
- *224 373368*
- *www.hrad.cz*
- *avr.-oct. : t.l.j. 9h-17h, nov.-mars : t.l.j. 9h-16h*
- *nef : EG ; cathédrale Saint-Guy, palais royal, basilique Saint-Georges et tour des Poudres : EP 220 Kč.*

À ne pas manquer

1. Tour Sud
2. Chapelle Saint-Venceslas
3. Joyaux de la couronne
4. Crypte
5. Oratoire royal
6. Tombeau de saint Jean Népomucène
7. Chapelle de l'Archevêque
8. Sigismond
9. Porte d'Or
10. Maître-autel

1 Tour Sud

Haute de 96 m, elle porte la marque de l'interruption causée par les guerres hussites dans sa construction. Quand elle reprit, le style Renaissance avait pris le pas sur le gothique, comme le montre le sommet coiffé d'un bulbe.

2 Chapelle Saint-Venceslas

Bâtie par Petr Parler entre 1362 et 1367, la chapelle *(à gauche)* occupe l'emplacement de la rotonde édifiée par le prince Venceslas. Celui-ci devint le saint patron de la Bohême après son assassinat en 935. Elle abrite sa tombe. Les fresques qui illustrent la *Passion du Christ* sont rehaussées de quelque 1 300 pierres semi-précieuses.

Autres lieux de culte à Prague p. 38-39

3 Joyaux de la couronne
Dans la salle du couronnement, au-dessus de la chapelle Saint-Venceslas, l'esprit du saint veillerait sur la couronne et le sceptre de Bohême.

4 Crypte
Charles IV, Venceslas IV et Rodolphe II reposent près des vestiges de la rotonde d'origine, à côté d'autres rois de Bohême.

5 Oratoire royal
Une étroite passerelle reliait le palais *(p. 8)* à cette tribune où la famille royale assistait à la messe. Les armoiries correspondent à tous les pays où s'étendait l'autorité de Vladislas II.

6 Tombeau de saint Jean Népomucène
Des statues, sur la gauche, évoquent les mineurs de la ville de Kutná Hora où fut extrait l'argent de ce reliquaire d'un poids de 1 680 kg *(ci-dessus)*.

7 Chapelle de l'Archevêque
Alfons Mucha, l'un des maîtres de l'Art nouveau, dessina la fenêtre, en verre peint et non en vitrail, représentant les saints Cyrille et Méthode *(ci-dessous)*.

8 Sigismond
La tour Sud *(ci-dessous)* abrite la plus grosse cloche du pays, fondue en 1549. Surnommée Sigismond, elle pèse 16 t, et quatre volontaires doivent unir leurs efforts pour la faire sonner.

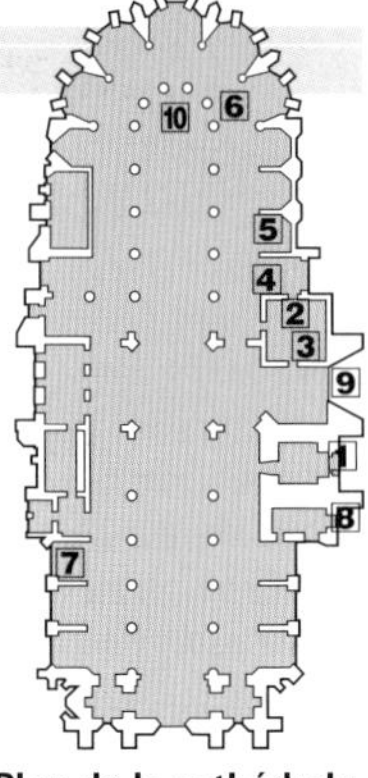

Plan de la cathédrale

9 Porte d'Or
Surmontée d'une mosaïque du *Jugement dernier (ci-dessus)*, elle servit d'entrée principale jusqu'à l'achèvement du sanctuaire au XXe s.

10 Maître-autel
De style strictement néo-gothique *(au centre)*, il se dresse entre la chapelle Saint-Guy et le mausolée en marbre de l'empereur Ferdinand Ier et de sa famille.

Petr Parler

Après le décès de Mathieu d'Arras, Parler devint l'architecte en chef de Charles IV. Il participa à la construction de la cathédrale Saint-Guy, du pont Charles et de nombreux autres monuments gothiques de Prague. Ses fils et neveux continuèrent son œuvre après sa mort en 1399.

TOP 10 Place de la Vieille-Ville

Cœur de la Prague médiévale, Staroměstské náměstí offre un raccourci de plusieurs siècles de son histoire avec ses bâtiments aux façades peintes. Elle a pour origine une place de marché, mentionnée dès 1091, autour de laquelle se développa un bourg. En 1338, Jean de Luxembourg accorda à ses habitants le droit à un conseil municipal, qui décida la construction de l'hôtel de ville de la Vieille Ville (p. 16). *Une atmosphère animée règne aux terrasses des cafés, et des calèches proposent des promenades aux visiteurs.*

Monument à Jan Hus

U Mravence, au nord de l'hôtel de ville, au n° 20, U Radnice, sert la bière la moins chère de la place (hormis celle servie dans les verres en plastique).

Résistez à la tentation de grimper sur le monument à Jan Hus, ou de piétiner les fleurs. Vour auriez à payer une amende.

- *Plan M3*
- *hôtel de ville de la Vieille Ville : 224 482909, avr.-oct. : mar.-dim. 10h-18h ; nov.-mars : mar.-dim. 10h-17h, EP 60 Kč.*

À ne pas manquer

1. Dům u Minuty
2. « À la Cloche de Pierre »
3. Église Notre-Dame-de-Týn
4. Église Saint-Nicolas
5. Monument à Jan Hus
6. Colonne mariale
7. Ungelt
8. Maison Štorch
9. Palais Golz-Kinský
10. Malé náměstí

1 Dům u Minuty

Remaniée dans le style Renaissance aux XVIe et XVIIe s., la maison « À la Minute », où Kafka vécut enfant *(p. 44)*, a conservé ses sgraffites *(ci-dessus)*. Ils représentent des scènes de l'Antiquité et de la Bible, des allégories des Vertus et des symboles alchimiques.

2 Maison « À la Cloche de Pierre »

Des ouvriers découvrirent en 1980, sous un parement baroque, la façade gothique de ce palais médiéval qui porte à l'angle sud-ouest son enseigne sculptée. La Galerie municipale y propose souvent des expositions temporaires.

3 Église Notre-Dame-de-Týn

Une Passion du Christ sculptée en 1390 décore le portail nord de ce sanctuaire gothique *(ci-dessous)*, entrepris en 1368 pour les habitants de la ville marchande *(týn)*. De nombreuses œuvres d'art ornent l'intérieur.

Église Saint-Nicolas 4

Kilian Ignaz Dientzenhofer construisit à Prague deux églises Saint-Nicolas baroques. L'architecte acheva celle de la Vieille Ville *(à droite)* deux ans avant d'entreprendre celle de Malá Strana *(p. 82)*. Des concerts permettent d'apprécier la qualité de l'orgue.

10 Malé náměstí

Le puits au centre de la « petite place » est aussi un monument entretenant le souvenir de l'épidémie de peste. La maison Rott *(ci-dessous)* abrita une quincaillerie jusqu'au début des années 1990, ce qu'évoquent les peintures de sa façade.

5 Monument à Jan Hus

L'inscription gravée sous la statue du réformateur religieux mort sur le bûcher en 1415 signifie : « La vérité vaincra ».

6 Colonne mariale

Abattu en 1918, à la déclaration d'indépendance, car considéré comme un symbole de la domination des Habsbourgs, ce monument baroque pourrait être reconstruit.

7 Ungelt

La cour occupée jadis par des marchands étrangers derrière Notre-Dame-de-Týn abrite aujourd'hui des cafés et des boutiques chic.

8 Maison Štorch

Le 18 Staroměstské náměstí est de style néo-Renaissance. Une peinture Art nouveau représente saint Venceslas à cheval.

9 Palais Golz-Kinský

Ce palais rococo *(au centre et ci-dessous)* renferme un restaurant haut de gamme et la collection de gravures et de dessins de la Galerie nationale.

Jan Hus

Le recteur de l'université de Prague acquit une immense popularité auprès du peuple tchèque en prônant la lutte contre la corruption de l'Église romaine. Son exécution, lors du concile de Constance, provoqua le soulèvement de ses émules, les hussites. Ils l'emportèrent contre le pape, mais se divisèrent en deux factions. En 1434, les ultraquistes modérés triomphèrent des taborites extrémistes. Le 6 juillet, anniversaire de la mort de Jan Hus, est un jour férié.

Gauche **Apôtres** Centre **Mémorial de la bataille de la Montagne Blanche** Droite **Chapelle gothique**

Hôtel de ville de la Vieille Ville

1 Horloge astronomique
À chaque heure, des figurines du XVe s. s'animent, un coq chante, le carillon sonne et les badauds tendent le cou.

2 Les apôtres
Une brochure identifie les douze personnages qui défilent au sommet de l'horloge. L'artillerie allemande détruisit les figurines d'origine en 1945. Un créateur de marionnettes renommé, Vojtěch Sucharda, les a remplacées.

3 Galerie d'art
Située en rez-de-chaussée, elle sert de cadre à des expositions temporaires.

4 Monument à la bataille de Dukla
Derrière une plaque en laiton marquée « 1945 », un pot renferme de la terre prise sur le champ de la sanglante bataille du col de Dukla, en Slovaquie. Près de 85 000 soldats de l'Armée rouge y périrent sous les obus de la Wehrmacht.

5 Monument de la Montagne Blanche
Vingt-sept croix blanches, dans le pavage à l'est de l'hôtel de ville, entretiennent le souvenir des nobles de Bohême exécutés ici après la défaite des protestants à la bataille de la Montagne Blanche *(p. 34)*. Certains furent pendus, d'autres décapités, d'autres encore écartelés.

6 Chapelle gothique
Consacrée en 1381, et dédiée à saint Venceslas, saint Guy et sainte Ludmila, la petite chapelle attenante à la salle du Conseil porte à l'entrée l'emblème de Venceslas IV et l'initiale de son épouse Eufémie. La nef abrite une maquette de la colonne mariale qui orna la place jusqu'en 1918. Un projet de reconstruction soulève des polémiques *(p. 15)*.

7 Ascenseur
Primé pour son design en 1999, l'ascenseur desservant la galerie panoramique de la tour la rend accessible aux fauteuils roulants. Cette attention aux handicapés est rare à Prague. Son aspect futuriste s'intègre étonnamment bien à son environnement médiéval.

Église Saint-Nicolas vue de la galerie panoramique de la tour de l'hôtel de ville

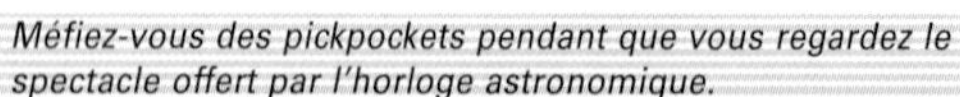

Méfiez-vous des pickpockets pendant que vous regardez le spectacle offert par l'horloge astronomique.

8 Galerie panoramique

La galerie sous le toit de la tour de l'hôtel de ville, haute de 60 m, ménage une vue superbe de la place. Prévoyez de la monnaie : 20 Kč vous donneront droit à deux minutes de télescope miniature. Vous pourrez admirer toute la vallée.

9 Caves gothiques

Ces salles se trouvaient jadis en rez-de-chaussée. Des remblaiements, pour protéger la ville des inondations, les ont transformées en sous-sols qui servirent un temps d'entrepôts et de prison pour dettes.

Stands d'artisanat près de l'hôtel de ville

10 Espace vert

Avant de battre en retraite en 1945, les artilleurs allemands causèrent tant de dégâts à l'aile est de l'hôtel de ville qu'il fallut la détruire. Un espace arboré l'a remplacée. Des stands y vendent de l'artisanat tchèque.

L'horloge astronomique

1. Horloge solaire
2. Horloge lunaire
3. Calendrier par Josef Mánes
4. Apôtres
5. L'ange et les Sciences
6. Vanité, Avarice, Mort et Convoitise
7. Coq
8. Spectacles
9. Maître Hanuš
10. Cadran

Construction de l'hôtel de ville

La Vieille Ville obtint les privilèges municipaux au XIIIe s., mais ses édiles durent attendre 1338 pour disposer d'un hôtel de ville. Le bâtiment s'agrandit en incorporant les maisons adjacentes jusqu'à être formé des cinq immeubles qui se dressent aujourd'hui aux nos 1 et 2 de Staroměstské náměstí. Son aile est s'étendait presque jusqu'à l'église Saint-Nicolas (p. 15), mais l'artillerie allemande n'en laissa que des décombres en 1945. Une horloge décora l'édifice dès 1410. Reconstruite en 1490, puis perfectionnée entre 1552 et 1572, elle a conservé depuis lors le même mécanisme.

Astrologie médiévale

L'horloge indique aussi la position du soleil et de la lune par rapport au zodiaque. Les divisions bleu clair correspondent aux douze fractions du ciel diurne, de durées variables selon les saisons, du temps dit « babylonien ».

TOP 10 Pont Charles

En plus de six siècles, le majestueux Karlův most gothique a servi de cadre à maintes processions, batailles et exécutions. Aujourd'hui, il prête son décor à de plus en plus de films. Petr Parler (p. 13) *entreprit en 1357 sa construction en remplacement du pont Judith emporté par une crue. Trente statues d'inspiration religieuse le décorent. La plus ancienne date de 1683. Elle représente Jean Népomucène, vicaire dont on jeta le corps du pont après son décès sous la torture en 1393. Sainte Luitgarde (1710), par Matyas Braun, compte parmi les plus remarquables. Toutes les sculptures sont des reproductions. Les originaux se trouvent dans divers musées, dont le Lapidarium* (p. 120).

Détail de la tour du pont de la Vieille Ville

La tour du pont de Malá Strana abrite une exposition sur l'histoire de l'ouvrage d'art : avr.-oct. : t.l.j. 10h-18h.

- *Plan J4.*

À ne pas manquer

1. Tour du pont de la Vieille Ville
2. Crucifix
3. Croix de Lorraine
4. Statue de saint Jean Népomucène
5. Statue des saints Cyrille et Méthode
6. Statue de Bruncvik
7. Notre-Dame-de-Miséricorde
8. Statue de sainte Luitgarde
9. Antonin
10. Statue de l'ordre des Trinitaires

1 Tour du pont de la Vieille Ville

Sa galerie panoramique, au premier étage, possède un plafond à caissons. Comme la terrasse au bord du toit, elle offre une vue magnifique du pont, du château de Prague et du quartier de Malá Strana.

2 Crucifix

Le Christ *(à droite)* date de 1629, mais, pendant plus de deux siècles, une simple croix de bois domina le pont. Selon une inscription proche, un Juif accusé de l'avoir profanée paya en 1689 les lettres dorées disant en hébreu « Saint, Saint, Saint Dieu ».

3 Croix de Lorraine

Une croix, au milieu du pont, marque l'endroit où le corps de Jean Népomucène fut jeté dans la rivière *(p. 35)*. À en croire certains, elle exaucerait les vœux.

4 Statue de saint Jean Népomucène

Toucher le saint, sur le bas-relief *(à droite)*, est une vieille tradition censée porter bonheur. Caresser le chien à côté est plus récent.

5 Statue des saints Cyrille et Méthode

Ces missionnaires grecs, qui baptisèrent le prince Bořivoj et sa femme Ludmilla, introduisirent le christianisme et l'alphabet cyrillique en terres tchèques au IXe s. Karel Dvořák dessina ce groupe sculpté *(à droite)* en 1928, en pleine période de réveil national.

6 Statue de Bruncvik

Regardez par-dessus le parapet sud pour découvrir le prince chevalier qui, selon la tradition, s'éveillera avec son armée pour sauver Prague quand tout espoir paraîtra perdu.

7 Notre-Dame-de-Miséricorde

Le portrait de la Vierge *(ci-dessus)* ornant la maison au sud du pont aurait, selon la légende, des propriétés miraculeuses. En revanche, voir la lumière s'éteindre sur le balcon en dessous est considéré comme un présage de mort imminente.

8 Statue de sainte Luitgarde

Le Christ serait apparu à cette nonne cistercienne aveugle pour lui laisser toucher ses plaies. Matyas Braun avait 26 ans quand il sculpta la scène *(ci-dessous)*.

9 Antonin

Cet artiste vend sur le pont ses autoportraits où il se représente sous les traits de Satan. Peut-être est-il influencé par la proximité de la Čertovka (ruisseau du Diable) ?

10 Statue de l'ordre des Trinitaires

Le gardien de cellule turc rappelle la fonction de cet ordre religieux de l'époque des croisades : il collectait de l'argent pour racheter des prisonniers chrétiens.

Quand visiter le pont Charles

En été, et même toute l'année, une foule de touristes, de musiciens et d'artistes vendant leurs œuvres rend le pont presque infranchissable pendant la journée. Découvrez-le de préférence au petit matin, lorsque le soleil se lève au-dessus de la tour située du côté de la Vieille Ville, ou de nuit, quand l'église Saint-Nicolas et le château sont illuminés.

TOP 10 Notre-Dame-de-Lorette

Ce lieu de pèlerinage baroque, entrepris en 1626, entoure une réplique de la Santa Casa, la maison où la Vierge aurait reçu l'Incarnation, et qui aurait été transportée à Loreto, en Italie, par des anges. L'église et les chapelles édifiées dans l'enceinte du sanctuaire sont d'une somptuosité typique de l'esprit de la Contre-Réforme, qui opposait le faste du rite catholique à la rigueur protestante. La tour de la façade renferme un carillon de 30 cloches.

Entrée

À l'angle du sanctuaire, au n° 2, Kapučínská, un monument rend hommage aux personnes torturées par la police secrète dans l'ancien bâtiment du ministère de l'Intérieur.

- *Loretánské náměstí 7*
- *plan A2*
- *220 516740*
- *mar.-dim. 9h-12h15 et 13h-16h30*
- *EP 90 Kč.*

À ne pas manquer

1. Loretánské náměstí
2. Santa Casa
3. Clocher
4. Cour extérieure
5. Cloître
6. Autel de sainte Wilgifortis
7. Église de la Nativité
8. Autels des saints Felicissimus et Marcia
9. Trésor
10. Soleil de Prague

1 Loretánské náměstí

La place s'étendrait sur un ancien site funéraire païen. La façade stuquée de Notre-Dame-de-Lorette *(ci-dessus)* fait face au palais Cernin, siège du ministère des Affaires étrangères.

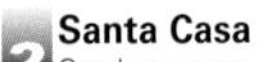

2 Santa Casa

Sur les murs extérieurs de la réplique de la maison de la Vierge, des stucs illustrent des épisodes de sa vie. On attribue des vertus miraculeuses à la statue du retable, à l'intérieur.

3 Clocher

Don d'un marchand pragois dont la fille guérit grâce à l'intercession de Notre-Dame-de-Lorette, le carillon automatique *(ci-dessous)* sonne toutes les heures un hymne marial.

4 Cour extérieure

Depuis l'arcade *(ci-dessus)*, les visiteurs découvrent deux fontaines baroques. Leurs sculptures représentent, au nord, la *Résurrection*, au sud, l'*Assomption*.

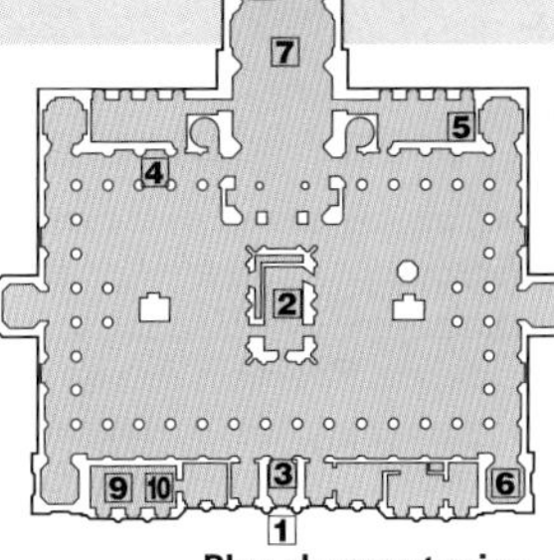

Plan du sanctuaire

9 Trésor

Cette exposition d'objets précieux montée par les communistes devait montrer comment une « fausse promesse de bonheur dans l'au-delà » réduisait les paysans à l'obéissance.

10 Soleil de Prague

Johann Bernard Fischer von Erlach dessina cet extraordinaire ostensoir en argent aux 6 222 diamants. La Vierge lève les yeux vers son fils, représenté par l'ostie.

Santa Casa

La Santa Casa était la maison de Nazareth dans laquelle l'archange Gabriel aurait annoncé à la Vierge qu'elle concevrait le fils de Dieu. Au XIIIe s., selon la légende, des anges l'auraient transportée à Loreto, en Italie. Encourageant le culte marial pour contrer l'essor du protestantisme, les autorités catholiques en construisirent de nombreuses répliques en Europe de l'Est.

5 Cloître

Les pèlerins venaient s'y recueillir et prier dans des chapelles dédiées à sainte Anne, à saint François d'Assise, à saint Joseph, à la Sainte Croix, à saint Antoine de Padoue et à Notre-Dame-de-Douleur.

6 Autel de sainte Wilgifortis

La chapelle Notre-Dame-de-Douleur renferme l'image crucifiée d'une jeune Portugaise barbue qui pria Dieu de lui donner une apparence masculine afin de protéger sa chasteté.

7 Église de la Nativité

Johann Georg Aichbauer lui donna en 1737 son ampleur actuelle. Un orgue rococo fait face à l'autel, au-dessus d'une crypte où reposent les bienfaiteurs de Notre-Dame-de-Lorette.

8 Autels des saints Felicissimus et Marcia

Dans l'église de la Nativité, de grands reliquaires renferment les corps momifiés de deux saints espagnols.

Vieux cimetière juif

Témoin de l'importance de la communauté juive de Prague avant l'Holocauste, ce cimetière à l'atmosphère chargée d'histoire fut son seul lieu de sépulture autorisé pendant plus de 300 ans. Par manque d'espace, on superposa les tombes et l'on estime à environ 100 000 le nombre de personnes enterrées ici. L'enceinte referme 12 000 stèles. La plus ancienne date de 1439, la dernière inhumation eut lieu en 1787.

Tombe de Rabbi Löw

À la synagogue, l'usage veut que les hommes portent la *yamulka* (calotte normalement disponible près de l'entrée). Pensez à la remettre en place en sortant.

Le musée des Arts décoratifs ménage une vue imprenable du cimetière *(p. 37).*

- *Vieux cimetière juif : U Starého hřbitova, plan K3, 420 2 22 31 71 91, www.jewishmuseum.cz, avr.-oct. : dim.-ven. 9h-18h ; nov.-mars : 9h-16h30 ; fer. fêtes juives, EP 300 Kč (comprend l'accès à plusieurs synagogues)*
- *synagogue Vieille-Nouvelle : Pařížká, plan K3, lun.-jeu., dim. 9h-18h, ven. 9h-17h, EP 200 Kč.*

À ne pas manquer

1. Stèle d'Avigdor Kara
2. Stèle de Mordechai Maisel
3. Stèle de Rabbi Löw
4. Stèle de David Gans
5. Synagogue Klaus
6. Stèle de Rabbi Oppenheim
7. Stèles gothiques
8. Stèle d'Hendela Bashevi
9. Tombe Zemach
10. Butte Nephele

1 Stèle d'Avigdor Kara

La plus vieille sépulture du cimetière est celle d'un poète et érudit qui rendit compte du pogrom de 1389 auquel il survécut enfant.

2 Stèle de Mordechai Maisel

Primat du ghetto pendant le règne de Rodolphe II, Mordechai Maisel (1528-1601) fonda la synagogue qui porte toujours son nom *(p. 100)*.

3 Stèle de Rabbi Löw

La légende a lié le mythe du Golem *(p. 52)* au primat de Prague Rabbi Judah Löw ben Bezalel (1520-1609), connu sous le nom de Rabbi Löw.

4 Stèle de David Gans

Disciple de Rabbi Löw, cet érudit de la Renaissance (1541-1613) écrivit une histoire du peuple juif en deux volumes qui eut une grande influence. Il fut aussi l'assistant des astronomes Tycho Brahe et Johannes Kepler *(p. 35)*. Sa pierre tombale porte l'étoile de David, évocation de son prénom et de sa foi.

5 Synagogue Klaus

Mordechai Maisel commanda aussi la construction de ce sanctuaire *(à gauche)* bordant le cimetière au nord. Il abrite une exposition sur les traditions juives.

6 Stèle de Rabbi Oppenheim

Né en 1664, Rabbi Oppenheim *(à gauche)* devint le premier grand rabbin de Moravie, puis celui de Bohême. Il mourut à Prague en 1734.

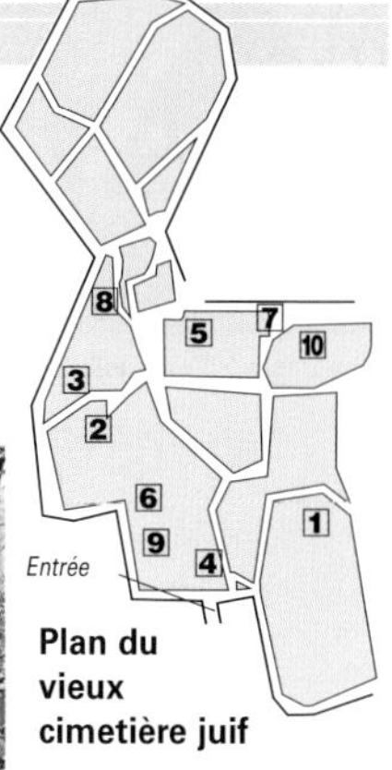

Plan du vieux cimetière juif

9 Tombe Zemach

La tombe carrée de Mordechai Zemach (m. 1592) et de son fils Bezalel (m. 1589), tous deux imprimeurs, borde la synagogue Pinkas *(p. 101)*. Zemach signifie « printemps » en hébreu.

10 Butte Nephele

Une éminence, dans l'angle nord-est du cimetière, servait à l'enterrement des enfants mort-nés ou décédés avant un an.

8 Stèle d'Hendela Bashevi

Une pierre tombale ouvragée *(ci-dessous)*, œuvre sculptée en 1628, marque l'emplacement de la sépulture de la « reine juive », la splendide épouse de Jacob Bashevi, le premier Juif jamais anobli à Prague.

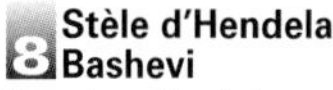

7 Stèles gothiques

Les stèles du XIVe s. scellées dans le mur est *(ci-dessus)* proviennent d'un cimetière mis au jour en 1866 près de la rue Vladislavova. Des tombes ont été découvertes sur un autre site dans les années 1990.

Symboles des stèles

Une pierre tombale traditionnelle juive *(matzevah)* porte normalement le nom du défunt, la date de son décès et son épitaphe. À la fin du XVIe s., des symboles évoquant le passé du défunt complétèrent les stèles du vieux cimetière juif de Prague. Par exemple, un outil, comme une paire de ciseaux pour un tailleur, rappelait le métier du disparu, ou un animal illustrait son nom. Une oie *(Gans* en allemand) figure ainsi sur la stèle funéraire de David Gans.

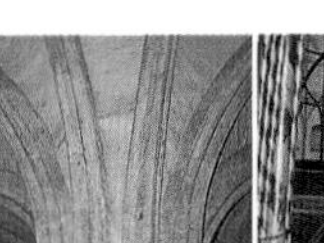

Gauche **Façade** Centre **Pilier de voûte** Droite **Nef**

TOP 10 Synagogue Vieille-Nouvelle

1 Fauteuil de Rabbi Löw

Depuis l'inauguration de la synagogue, les grands rabbins de Prague prennent place sur ce siège surmonté d'une étoile de David contre le mur est.

Fauteuil de Rabbi Löw

2 Bannière juive

La communauté juive acquit au XVe s. le droit de posséder une bannière. Son emblème, un chapeau, figure au centre de l'étoile de David.

3 Nef

Au nombre de douze, comme les tribus d'Israël, d'étroites fenêtres percent les murs vierges de toute décoration en dehors d'abréviations de versets de la Torah. Les deux piliers soutenant les voûtes à nervures s'inspirent des colonnes de la façade du temple de Jérusalem.

4 Arche d'alliance

Contre le mur est, derrière le rideau qui indique que la synagogue est toujours un lieu de culte, un tabernacle, l'arche d'alliance, contient les rouleaux de la Torah. Les motifs sculptés du tympan datent de la construction du sanctuaire, à la fin du XIIIe s., et se retrouvent à l'identique au couvent Sainte-Agnès *(p. 28-29)*.

5 Entrée

L'inscription biblique « Crains Dieu et observe ses préceptes, c'est le devoir de tout homme » accueille les croyants qui pénètrent dans la synagogue.

6 Voûtes

L'ajout d'une cinquième nervure évite aux arcs en ogive de dessiner une croix.

7 Fenêtres des femmes

Les femmes n'avaient pas accès à la nef et restaient dans le vestibule. D'étroites ouvertures leur permettaient d'assister aux offices.

8 Bimah

Une grille en fer forgé gothique entoure la chaire d'où le rabbin lit la Torah et célèbre les mariages.

9 Combles

Selon une légende, Rabbi Löw cacha les restes du Golem, sa créature d'argile *(p. 52)*, sous les chevrons de la toiture.

10 Hôtel de ville juif

Près de la synagogue, il arbore sur une étroite façade, et sous une tour de l'horloge classique, un cadran en hébreu dont les aiguilles tournent de droite à gauche *(p. 99)*.

Autres lieux de culte **p. 38-39**

Les Juifs à Prague

Présents à Prague dès le xᵉ s., les Juifs s'installèrent dans l'actuel quartier de Josefov à partir du xIIᵉ s. La synagogue Vieille-Nouvelle, entreprise vers 1270, devint le centre spirituel de la communauté, qui s'isola dans un quartier entouré d'un mur pour se protéger du reste de la population. Malgré des périodes de bienveillance de la part des souverains, les persécutions furent fréquentes. En 1389, un pogrom fit plus de 3 000 victimes. La situation s'améliora à partir de la rencontre, en 1592, entre Rodolphe II et Judah Löw ben Bezalel (Rabbi Löw), très réputé pour son érudition. Charles VI reconnut l'autonomie de la communauté en 1716 et son descendant, Joseph II, mit un terme à de nombreuses mesures discriminatoires. Les Juifs jouèrent un rôle actif dans la période de réveil national, mais l'antisémitisme resta vivace et, en 1899, le procès de Leopold Hilsner, accusé sans preuve d'un meurtre rituel, donna lieu à de nombreux actes de violence et de destruction. L'entre-deux-guerres permit l'apparition de créateurs comme Franz Kafka (p. 44)*, mais la signature des accords de Munich, en 1938, ouvrit la voie à la mise sous tutelle de la Tchécoslovaquie par l'Allemagne nazie. Hitler décida de transformer Josefov en « musée du peuple disparu » et enferma sa population à Terezín. L'Holocauste causa la disparition de près de 80 000 Juifs de Bohême et de Moravie.*

Représentants juifs importants

1. Eliezer ben Elijah Ashkenazi (1513-1586)
2. Judah Löw ben Bezalel (1525-1609)
3. Mordechai Maisel (1528-1601)
4. Mordechai ben Abraham Jaffe (1535-1612)
5. Ephraim Solomon ben Aaron de Luntschitz (1550-1619)
6. Joseph Solomon Delmedigo (1591-1655)
7. David ben Abraham Oppenheim (1664-1736)
8. Ezekiel ben Judah Landau (1713-1793)
9. Solomon Judah Lieb Rapoport (1790-1867)
10. Efraim Karol Sidon (né en 1942)

Ghetto de Prague

Pendant la Seconde Guerre mondiale, les nazis déportèrent toute la communauté dans la forteresse de Terezín.

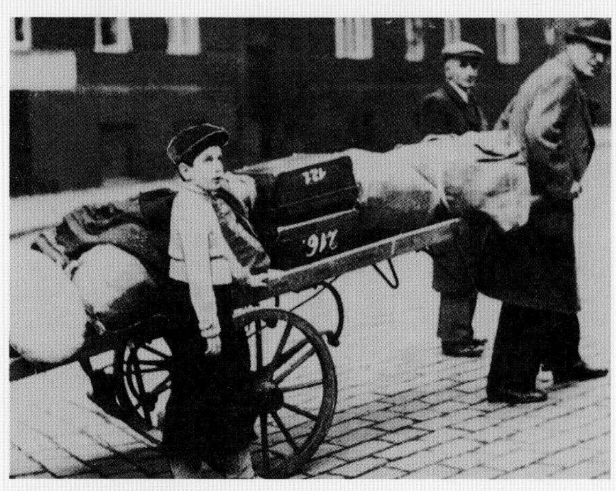

Un père et son fils déménageant au « ghetto » de Terezín.

TOP 10 Musée national d'Art moderne

L'austère palais Veletržní, le premier édifice officiellement fonctionnaliste, tranche sur les immeubles Art nouveau du quartier de Holešovice. Destiné à accueillir des foires commerciales, le bâtiment changea de fonction après la guerre. Il servait d'entrepôt à des produits d'importation quand un incendie le ravagea en 1974. Depuis 1995, il abrite les collections d'art moderne et contemporain de la Galerie nationale. Riches en peintures et sculptures françaises, elles permettent aussi de découvrir les déclinaisons tchèques des grands mouvements esthétiques des XIXe et XXe s.

Façade du palais Veletržní

Le café au rez-de-chaussée permet l'accès à l'Internet.

Le premier étage accueille des expositions temporaires, annoncées dans l'hebdomadaire anglophone The *Prague Post* (p. 128).

Dukelských hrdinu 47, Holešovice
- *plan B5*
- *224 301111*
- *www.ngprague.cz*
- *mar.-dim. : 10h-18h*
- *AH*
- *EP variable en fonction des expositions.*

À ne pas manquer

1. *Maison et ferme du Jas de Bouffan*
2. *Bonjour, monsieur Gauguin*
3. *Jaguar attaquant un cavalier*
4. *Champ de blé vert avec cyprès*
5. *Saint Jean-Baptiste*
6. *Tête de jeune fille*
7. *Au Moulin-Rouge*
8. *Moi-même*
9. *Autoportrait*
10. *Anxiété*

Entrée

10

1 Maison et ferme du Jas de Bouffan

Ce paysage par Paul Cézanne *(ci-dessus)* comptait parmi les 25 œuvres dont le président tchèque Tomáš Masaryk autorisa l'acquisition en 1923. Elles formèrent le premier noyau de la collection d'art moderne français de la Galerie nationale.

2 Bonjour, monsieur Gauguin

Cet autoportrait de Paul Gauguin *(à droite)* décorait à l'origine le panneau inférieur d'une porte intérieure d'une maison bretonne. L'artiste en réalisa cette reproduction agrandie, une huile sur toile, en 1889, peu de temps avant son départ pour Tahiti.

Autres sites de la Galerie nationale à Prague **p. 36**

3 Jaguar attaquant un cavalier

Cette petite toile de 1853 par Eugène Delacroix *(droite)* offre un bon exemple de sa maîtrise de la couleur et du mouvement. L'artiste avait l'habitude de se rendre dans les zoos pour y étudier les félins.

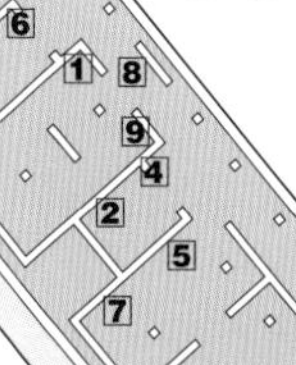

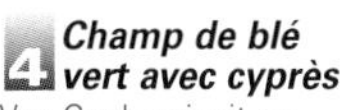

5 Saint Jean-Baptiste

La rotation du buste par rapport aux pieds fermement ancrés, et la tête détournée du mouvement de la main donnent son dynamisme à cette sculpture réalisée en 1878 par Auguste Rodin *(ci-dessous)*.

6 Tête de jeune fille

Acquis par la Galerie nationale en 1935, ce bronze fait la synthèse entre le cubisme et l'idéal classique de la Son auteur, Henri Laurens, exerça d'abord le métier de maçon.

4 Champ de blé vert avec cyprès

Van Gogh peignit ce paysage en juin 1889, un an avant de se suicider, alors qu'il résidait dans un asile d'aliénés près de Saint-Rémy-de-Provence *(ci-dessous)*.

7 Au Moulin-Rouge

Cette huile sur carton par Toulouse-Lautrec date de 1892. Elle montre sa muse, Jane Avril, valsant avec une autre femme dans son cabaret de prédilection. Parmi les personnages en arrière-plan figure Oscar Wilde.

8 Moi-même, portrait paysage

Le musée possède le seul autoportrait du grand peintre naïf connu sous le nom de Douanier Rousseau car il travailla à l'octroi.

9 Autoportrait

Ce tableau compte parmi les 14 Picasso qui faisaient partie de la donation effectuée en 1960 par Vincenc Kramář, le directeur de l'association à l'origine de la Galerie nationale.

10 Anxiété

Otto Gutfreund ouvrit la voie à la sculpture moderne tchèque. Cette œuvre cubiste de 1911 témoigne de sa force d'expression *(ci-dessus)*.

Fonctionnalisme

Les architectes Oldřich Týl et Josef Fuchs remportèrent en 1924 le concours organisé pour doter Prague d'un palais des Expositions. Inauguré en 1928 pour le dixième anniversaire de la République de Tchécoslovaquie, le Veletržní Palác fit une très forte impression sur Le Corbusier. Sa transformation en musée d'Art moderne, décidée en 1978, n'aboutit qu'en 1995.

TOP 10 Couvent Sainte-Agnès

Vaste couvent de clarisses fondé en 1234 par la fille de Přemysl Otakar Ier, la sœur du futur Venceslas Ier, le Klášter sv Anežky connut une période florissante jusqu'en 1420, où les hussites transformèrent les bâtiments de style gothique primitif en arsenal. Les nonnes y retournèrent au XVIIe s., mais durent l'abandonner en 1782 après sa fermeture par Joseph II. Tombé à l'abandon, il faillit être démoli à la fin du XIXe s. Depuis une importante restauration, dans les années 1960, il abrite les collections d'art médiéval de Bohême et d'Europe centrale de la Galerie nationale. Elles couvrent une période allant de 1200 à 1530.

Chevet de l'église

Le rez-de-chaussée reste vide, en dehors de courtes expositions temporaires, mais des concerts de musique de chambre permettent d'apprécier la pureté de lignes des salles gothiques.

- *U milosrdných 17*
- *plan M1*
- *224 810628*
- *www.ngprague.cz*
- *mar.-dim. : 10h-18h*
- *AH*
- *EP 100 Kč.*

À ne pas manquer

1. Vierge de Strakonice
2. Vierge de Zbraslav
3. Retable de Vyšší Brod
4. Œuvres de maître Théodoric
5. Retable de Třeboňy
6. Cycle capucin
7. Retable de Velhartice
8. Martyre de saint Florian
9. Retable de Puchner
10. Cycle de l'Apocalypse

1 Vierge de Strakonice

Vieille de sept siècles, cette Vierge à l'Enfant plus grande que nature *(ci-dessous)* date d'une époque où la Bohême s'ouvrait à des influences étrangères. Son hiératisme évoque la statuaire française de lieux comme la cathédrale de Reims.

2 Vierge de Zbraslav

Exécutée en 1360 par le maître de Vyšší Brod, la plus célèbre peinture mariale de Bohême provient d'un monastère cistercien où furent enterrés la majorité des rois Přemyslides. Elle garde un lien de parenté avec les icones byzantines. L'anneau à la main gauche de la Vierge symbolise l'Église dans le mariage mystique entre Dieu et Marie, mère du Christ.

3 Retable de Vyšší Brod

Neuf panneaux peints vers 1350 illustrent, entre autres, *L'Annonciation*, *La Nativité*, *L'Adoration des Mages (ci-dessous)* et *La Résurrection (à droite)*.

Plan du couvent Sainte-Agnès

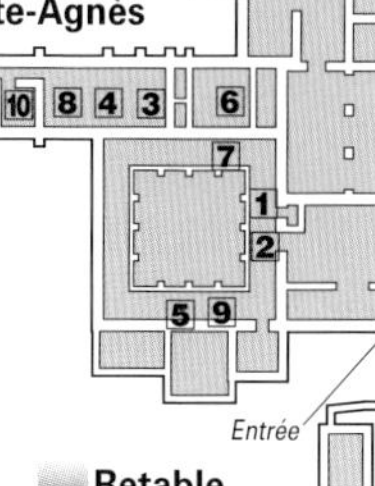

6 Cycle capucin

La Vierge apparaît entre saint Pierre, à gauche, et le Christ sur ces quatorze panneaux d'origine inconnue.

7 Retable de Velhartice

Ce retable médiéval est l'un des rares à être intégralement préservé malgré les siècles. Il date d'environ 1500 et provient du sud de la Bohême *(ci-dessus)*.

8 Martyre de saint Florian

Albrecht Altdorfer peignit entre 1520 et 1530 ce fragment d'un retable dont la galerie des Offices de Florence possède un autre panneau.

4 Œuvres de maître Théodoric

Les éléments d'un retable du château de Karlštejn comprennent des portraits de *Saint Luc*, *Saint Charlemagne* et *Sainte Catherine*.

5 Retable de Třeboňy

Cette œuvre du XIVe s. *(à droite)* comptait cinq doubles panneaux. Il n'en subsiste que trois.

9 Retable de Puchner

Cette peinture du XVe s. représente sainte Agnès, en train de faire œuvre de bienfaisance. La princesse renonça par piété à la vie de cour.

10 Cycle de l'Apocalypse

Ces 15 gravures sur bois par le grand maître allemand de la Renaissance Albrecht Dürer *(ci-dessous)* remontent à 1498 et conservent une forte imprégnation gothique.

Sainte Agnès

Agnès de Bohême (1211-1282) eut une influence qui dépassa largement le cadre du monastère où elle se retira. Le pape Grégoire IX concéda des privilèges spéciaux à son couvent, et son successeur, Innocent IV, lui accorda de précieuses reliques. Sa canonisation, par Jean-Paul II, n'eut lieu qu'en 1989, cinq jours avant le début de la révolution de Velours *(p. 35)*.

TOP 10 Place Venceslas

Vaste esplanade de 750 m de long, l'ancien marché aux chevaux a pris en 1848 le nom du saint patron de la Bohême dont la statue équestre se dresse devant le Musée national. Cœur de la vie sociale de Prague, Václavské náměstí a servi de cadre à de nombreux événements historiques (p. 35). *Les façades qui l'entourent datent pour la plupart du début du XXe s. et offrent un riche éventail des styles architecturaux de l'époque. Des passages couverts mènent à des commerces et des lieux de spectacles.*

Statue de saint Venceslas et Musée national

À défaut d'y loger, vous pouvez profiter de la grandeur défraîchie de l'hôtel Evropa en y prenant simplement un café.

Très touristique, la place Venceslas attire de nombreux pickpockets, notamment à son extrémité nord.

- *Plan N5.*

À ne pas manquer

1. Musée national
2. Statue de saint Venceslas
3. Monument aux victimes du communisme
4. Palác Lucerna
5. Palác Koruna
6. Hôtel Evropa
7. Balcon du Svobodné slovo
8. Jardin franciscain
9. Notre-Dame-des-Neiges
10. Saint Venceslas

1 Musée national

Le Národní museum néo-Renaissance possède un aspect tellement majestueux que les troupes du pacte de Varsovie le bombardèrent en 1968, le prenant pour le parlement tchécoslovaque. Son escalier *(ci-dessus)* justifie presque à lui seul le faible droit d'entrée *(p. 110).*

2 Statue de saint Venceslas

Les saints patrons de la Bohême, sculptés par d'Alois Dryák, entourent la statue équestre dessinée en 1887 par Myslbek et inaugurée en 1912 *(ci-dessous).*

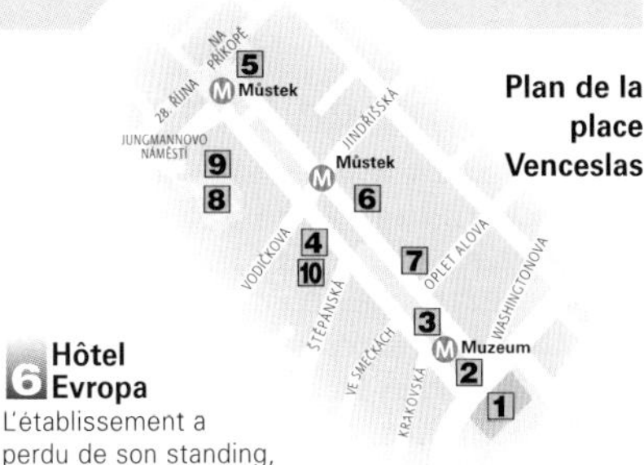

Plan de la place Venceslas

3 Monument aux victimes du communisme

Devant la statue de saint Venceslas, une croix et des fleurs *(ci-dessous)* entretiennent le souvenir de ceux que broya la dictature.

4 Palác Lucerna

Conçu et construit par le grand-père du président Václav Havel, cet immeuble borde le côté ouest de la place. Il abrite une galerie d'art, un cinéma, des cafés et des boutiques.

5 Palác Koruna

Bâti en 1912, le palais Koruna (à droite) de style Sécession-Art déco renferma un temps un hammam plus romantique que l'actuelle succursale de la chaîne Dunkin' Donuts.

6 Hôtel Evropa

L'établissement a perdu de son standing, mais la façade Art nouveau *(ci-dessous)* et le décor intérieur restent somptueux *(p. 142)*.

7 Balcon du Svobodné slovo

Pendant la révolution de Velours *(p. 35)*, en 1989, Václav Havel s'adressa à la foule depuis le balcon du quotidien *Svobodné slovo (La Libre Parole)*. Quand les Pragois le virent en compagnie d'Alexander Dubček, ils surent que le temps de la dictature était révolu.

8 Jardin franciscain

À quelques pas de l'animation de la place Venceslas, l'ancien jardin médicinal d'un monastère franciscain forme un îlot de paix en plein centre-ville.

9 Notre-Dame-des-Neiges

Fondée par Charles IV en 1347, cette église gothique ne fut jamais achevée. Sa superbe ornementation baroque date du début du XVIIIe s. *(ci-dessous)*.

10 Saint Venceslas

L'image qu'a donnée David Černý du protecteur de la Bohême offre un curieux spectacle, suspendue sous la verrière du passage central du palác Lucerna.

Quelques manifestations historiques

En 1419, le réformateur catholique Jan Želivský conduit une procession jusqu'à l'église Saint-Étienne. Le 28 octobre 1918, le président Masaryk proclame l'indépendance de la Tchécoslovaquie. En 1969, Jan Palach s'immole par le feu pour protester contre l'occupation du pays par les Soviétiques.

TOP 10 Colline de Petřín

Aménagée en parc public depuis 1825, cette colline boisée s'élève jusqu'à 318 m d'altitude au-dessus du quartier de Malá Strana sur la rive gauche de la Vltava. Elle devrait son nom aux sacrifices rituels jadis offerts sur sa crête au dieu slave Petrun. Des jardins et des vergers couvraient ses flancs au XIXe s., on y voit encore des arbres fruitiers qui fleurissent au printemps, saison particulièrement plaisante pour une promenade. Les sentiers ménagent de superbes panoramas de la capitale tchèque.

Façade du monastère de Strahov

Les fenêtres du restaurant Nebozízek (Petřínské sady 411) offrent une vue specaculaire de Prague.

- *Plan C4*
- *monastère de Strahov : t.l.j. 9h-12h et 12h30-17h, EP*
- *stade de Strahov : ferm. au public*
- *tour panoramique : t.l.j. 10h-17h ; EP*
- *labyrinthe des Glaces : avr.-août : t.l.j. 10h-19h, sep.-oct. : t.l.j. 10h-18h, nov.-mars : sam.-dim. 10h-17h, AH, EP*
- *église Saint-Michel : ferm. au public*
- *église Saint-Laurent : ferm. au public*
- *funiculaire : t.l.j. 9h-23h-20, EP*

À ne pas manquer

1. Tour panoramique
2. Stade de Strahov
3. Monastère de Strahov
4. Labyrinthe des Glaces
5. Mur de la Faim
6. Statue de Karel Hynech Mácha
7. Église Saint-Michel
8. Roseraie
9. Église Saint-Laurent
10. Funiculaire

1 Tour panoramique

Élevée pour l'exposition du jubilé de 1891, l'*Eiffelovka* est une réplique au quart, haute de 63,50 m, de la tour Eiffel. Un escalier de 299 marches conduit à la plate-forme panoramique *(ci-dessous)*.

2 Stade de Strahov

Construit pour accueillir les démonstrations de gymnastique de l'association de culture physique Sokol, cet immense stade d'une grande laideur *(ci-dessus)* accueille des concerts de rock.

3 Monastère de Strahov

Fondé en 1140, mais d'architecture principalement baroque, ce monastère et musée possède une prestigieuse bibliothèque. La splendide salle théologique renferme un saint Jean gothique *(ci-dessus)*.

Autres parcs et jardins à Prague **p. 40-41**

4 Labyrinthe des Glaces

Outre des miroirs déformants, ce pavillon renferme un diorama du combat pour *La Défense de Prague contre les Suédois (ci-dessous)*.

6 Statue de Karel Hynech Mácha

Le 1er mai, les jeunes couples viennent fleurir la statue de ce poète romantique mort à l'âge de 26 ans en 1836 *(ci-dessus)*.

5 Mur de la Faim

Selon la tradition, Charles IV aurait commandé en 1360 l'édification de ces fortifications crénelées pour donner du travail aux victimes d'une famine *(ci-dessous)*.

7 Église Saint-Michel

Ce petit sanctuaire de campagne en bois *(ci-dessus)* provient d'une vallée ukrainienne inondée lors de la construction d'un barrage.

8 Roseraie

Une vaste roseraie s'étend au sommet de la colline. Un monument, devant l'Observatoire, rend hommage aux aviateurs tchèques de la dernière guerre.

9 Église Saint-Laurent

Un chemin de croix, aménagé entre 1834 et 1838, conduit à ce sanctuaire baroque élevé vers 1740 sur le site d'une église romane. Deux tours coiffées de dômes en bulbe encadrent sa coupole.

10 Funiculaire

Inauguré en 1891 pour conduire à une tour panoramique, le train à crémaillère rejoint le sommet de la colline et permet d'en suivre les sentiers en effectuant la promenade dans le sens de la descente.

Visite du couvent de Strahov

Maintes fois pillée au cours de sa longue histoire, cette abbaye de prémontrés fondée en 1140 prit un visage baroque au XVIIe s. Elle évita la fermeture en 1783 en devenant un institut de recherche. Transformée en musée de la Littérature par les communistes, mais de nouveau occupée par des moines depuis la chute du régime, elle conserve une importante bibliothèque, riche de millions de documents. Certains sont exposés dans les magnifiques salles théologique et salle philosophique ornées de fresques des XVIIe et XVIIIe s. exaltant l'amour du savoir.

Gauche **Charles IV** Droite **Campement de Mathias, frère de Rodolphe II, 1608**

Un peu d'histoire

1 Assassinat de Venceslas

En succédant à son grand-père Bořivoj, le « Bon Roi » (qui était en fait prince) devint le deuxième souverain chrétien en terre tchèque. Il consolida les liens avec Rome et les marchands allemands. Assassiné par son frère en 935, il fut canonisé à la fin du xᵉ s.

2 Charles IV devient empereur germanique

Roi de Germanie et de Bohême en 1346, Charles IV accéda à la tête du Saint Empire en 1355. Il fit de Prague sa capitale, y fonda un archevêché et dota la ville de la première université d'Europe centrale.

3 Guerres hussites

Après que le concile de Constance eut condamné le réformateur Jan Hus au bûcher en 1415 *(p. 15)*, ses émules transformèrent littéralement leurs socs de charrue en épées et se révoltèrent à la fois contre la couronne et l'Église. L'opposition entre Tchèques protestants et germanophones catholiques durera des siècles.

4 Règne de Rodolphe II

Empereur et roi de Bohême (1576-1611), Rodolphe II portait plus d'intérêt aux arts et aux sciences, en pleine Renaissance, qu'à la politique, et il perdit le pouvoir effectif au profit de son frère Mathias. Il promut cependant la liberté religieuse et apporta son soutien à l'étude du mouvement des planètes par Johannes Kepler.

5 Bataille de la Montagne Blanche

Les nobles tchèques, protestants, se révoltèrent contre l'Empire en 1619, mais subirent une grave défaite l'année suivante à la Montagne Blanche lors de la première bataille de la guerre de Trente Ans. L'Autriche catholique annexa de fait la Bohême.

Bataille de la Montagne Blanche

6 Indépendance

Après une longue période de réveil national, des patriotes comme Tomáš Masaryk se tournèrent vers les États-Unis pour réclamer l'indépendance. Ils l'obtinrent après la défaite de l'Autriche en 1918.

7 Seconde Guerre mondiale

La République tchécoslovaque avait 20 ans en 1938 quand les accords de Munich démantelèrent le pays au profit de l'Allemagne nazie *(p. 25)*. À la fin de la guerre, les Sudètes, une minorité germanophone, furent déportés.

Défilé nazi, place Venceslas, 1939

8 Avènement du communisme

En 1948, un coup de force à l'instigation des Soviétiques, qui avaient libéré Prague, assura le pouvoir au Parti communiste.

9 Printemps de Prague

En avril 1968, le premier secrétaire Alexander Dubček prôna « un socialisme à visage humain ». En août, les tanks du pacte de Varsovie écrasèrent le « Printemps de Prague ».

10 Révolution de Velours

Après dix jours de manifestations de masse, le gouvernement communiste céda le pouvoir en 1989. Les Tchèques rappellent avec fierté que ce renversement eut lieu sans qu'une seule fenêtre fût brisée.

Célébration de la révolution de Velours

Personnalités historiques

1 Sainte Agnès

La sœur (1211-1282) de Venceslas Ier prit le voile dans un couvent de clarisses.

2 Saint Jean Népomucène

Arrêté sur ordre de Venceslas IV, Jan Nepomuk (1340-1393), vicaire de l'archevêque de Prague, périt sous la torture et fut jeté du pont Charles.

3 Jan Hus

Ce réformateur religieux (1370-1415) mourut sur le bûcher à Constance.

4 Mordechai Maisel

Le primat de Prague (1528-1601) possédait l'une des plus grandes fortunes d'Europe *(p. 22)*.

5 Tycho de Brahe

L'astronome de la cour de Rodolphe II (1546-1601) aurait péri de s'être trop longtemps retenu d'uriner alors qu'il se promenait avec l'empereur.

6 Edward Kelley et John Dee

Ces charlatans firent croire à Rodolphe II qu'ils pouvaient changer du plomb en or.

7 Johannes Kepler

L'astronome allemand (1571-1630) calcula l'orbite de Mars.

8 Albrecht von Wallenstein

Ce chef militaire catholique pendant la guerre de Trente Ans (1581-1634) édifia un grand palais à Prague *(p. 86)*.

9 Franz Kafka

L'écrivain (1883-1924) ne connut la célébrité qu'après sa mort *(p. 44)*.

10 Emil Zatopek

« La Locomotive » (1922–2000) remporta trois médailles d'or en 1952.

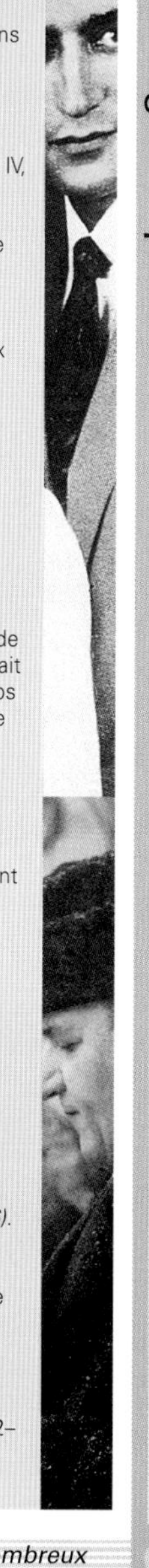

Une inondation, en août 2002, a endommagé de nombreux sites historiques de Prague.

Gauche **Palais Veletržní** Droite **Musée de la Ville de Prague**

TOP 10 Musées

1 Galerie nationale

Six lieux d'exposition permettent de découvrir ses collections d'art à Prague. Le palais Kinský abrite les gravures et les dessins ; le couvent Saint-Georges, les œuvres maniéristes et baroques *(p. 9)* ; le couvent Sainte-Agnès, les peintures et sculptures médiévales *(p. 28-29)* ; le palais Sternberg, les tableaux de maîtres anciens ; le palais Veletržní, les créations modernes et contemporaines *(p. 26-27)* et le monastère de Zbraslav, l'art asiatique. *Palais Kinský : Staroměstské náměstí 12, plan M3, ouv. mar.-dim. 10h-18h, EP • palais Sternberg : Hradčanské náměstí 15, plan B2, ouv. mar.-dim. 10h-18h, EP.*

2 Musée national

Les collections de cette institution fondée en 1818 sont réparties dans tout le pays. Son siège, au sommet de la place Venceslas, renferme des expositions consacrées à la préhistoire, à la numismatique et à l'histoire naturelle *(p. 110)*.

Musée national

La Musique, Rudolfinum

3 Rudolfinum

Le siège néo-Renaissance de l'Orchestre philharmonique date de 1884. La Maison des artistes y organise des expositions temporaires qui séduiront les amateurs d'art contemporain. *Alšovo nábřeží 12 • plan K2 • ouv. mar.-dim. 10h-18h • AH • EP.*

4 Maison « À la Vierge Noire »

L'un des plus beaux bâtiments cubistes d'Europe, construit en 1912, offre l'écrin idéal à une exposition permanente d'objets et de peintures cubistes tchèques. La statue qui a donné son nom au monument provient de la maison qui occupait le site auparavant. *Celetná 34 • plan M4 • ouv. mar.-dim. 10h-18h • AH • EP.*

5 Musée de la Ville de Prague

La maison « À l'Anneau d'Or » abrite la collection d'art du XXe s., tandis que la maison « À la Cloche de Pierre » et l'hôtel de ville de la Vieille Ville *(p.16-17)* accueillent des expositions temporaires.
Maison « À l'Anneau d'Or » : Týnská 6, plan M3, ouv. mar.-dim. 10h-18h, EP • maison « À la Cloche de Pierre » : Staroměstské náměstí 13, plan M3, ouv. mar.-dim. 10h-18h, EP.

6 Musée du Communisme

Alors que le souvenir de la vie sous le communisme s'estompe déjà, ce musée récent, l'un des plus populaires de Prague, ambitionne de montrer tous les aspects de la vie, de la répression aux loisirs, sous un régime qui s'imposa plus de 40 ans. Ses expositions ont une dimension un peu kitsch, mais tous les objets sont authentiques. *Na příkopě 10 • plan N5 • ouv. t.l.j. 9h-20h • EP.*

Maison « À la Vierge Noire »

Coffre sculpté, musée des Arts décoratifs

7 Musée juif

Le musée possède la collection d'art judaïque peut-être la plus riche du monde. Dans plusieurs synagogues de Josefov *(p. 99-101)*, documents et objets variés illustrent l'histoire de la communauté juive en Bohême et en Moravie.

8 Musée des Arts décoratifs

Réputée pour sa verrerie médiévale et Renaissance, et ses meubles de la fin du Moyen Âge au XIXe s., cette institution a ouvert son bâtiment néo-Renaissance de 1901 à des créations plus récentes, de mode notamment. *17. listopadu 2 • plan L2 • ouv. mar.-dim. 10h-18h, EP.*

9 Musée technique national

Les collections de machines et de véhicules de tous types comptent parmi les plus riches d'Europe. Ne manquez pas la visite guidée de la mine de charbon reconstituée en sous-sol. *Kostelní 42 • plan M3 • ouv. mar.-ven. 9h-17h, sam.-dim. 10h-18h • EP.*

10 Musée municipal des Transports publics

Plus de 40 véhicules retracent un siècle d'évolution des transports en commun à Prague, des voitures à chevaux au métro.
Patočkova 4 • plan A1 • ouv. avr.-nov. : sam.-dim. 9h-17h • EP.

Gauche **Mur de l'Holocauste, synagogue Pinkas** Droite **Cathédrale Saints-Cyrille-et-Méthode**

TOP 10 Lieux de culte

1 Cathédrale Saint-Guy

La construction de l'altière église qui domine le quartier du château prit plus de 500 ans et associe des styles variés. Lieu de couronnement des rois de Bohême, et de sépulture de grandes personnalités tchèques comme saint Venceslas et saint Jean Népomucène, elle renferme de très nombreuses œuvres d'art *(p. 12-13)*.

2 Synagogue Vieille-Nouvelle

La plus vieille synagogue d'Europe, âgée de 700 ans, sert toujours de lieu de culte à la communauté juive orthodoxe de Prague. Selon une légende, son nom dériverait de l'hébreu *al-tnai* « provisoire », déformé en *alt-neu* en allemand, car elle serait bâtie avec des pierres provenant du temple de Jérusalem et destinées à être restituées lors de sa reconstruction *(p. 24-25)*.

Statue de la Vierge, Notre-Dame-de-Lorette

Statue de la Vierge, Notre-Dame-de-Týn

3 Notre-Dame-de-Lorette

Le complexe baroque édifié pour accueillir les pèlerins autour d'une reproduction de la Santa Casa, la maison légendaire de la Vierge, conserve un trésor aux objets religieux d'une rare somptuosité *(p. 20-21)*.

4 Église Notre-Dame-de-Týn

Le sanctuaire gothique dont les flèches se dressent au-dessus de la place de la Vieille-Ville servit pendant deux siècles au culte hussite. Après le retour au pouvoir des catholiques, les jésuites fondirent le calice d'or qui ornait sa façade pour mêler son métal à celui de la Vierge visible aujourd'hui *(p. 14)*.

Staroměstské náměstí 14 • plan M3 • ouv. lun.-ven. 14h-18h • AH • EP.

5 Église Notre-Dame-de-la-Victoire

Dans la nef baroque, une figurine de cire installée sur un autel richement décoré fait face à *L'Extase de sainte Thérèse* par le Bernin. Cet Enfant Jésus de Prague jouit d'une réputation mondiale pour ses guérisons miraculeuses *(p. 83)*.

Arcs mauresques, synagogue espagnole

6 Église Saint-Nicolas

Élevé pour démontrer la puissance de Rome, le sanctuaire baroque qui sépare en deux la place du Petit-Côté éclipse son homonyme de la Vieille Ville. Les plus grands artistes de l'époque travaillèrent à sa décoration intérieure *(p. 82)*.

7 Synagogue Espagnole

Le bâtiment actuel, à l'ornementation intérieure inspirée de celle de l'Alhambra de Grenade, occupe le site de la première synagogue de Prague, rasée en 1867. Il abrite une exposition sur les communautés juives de Bohême *(p. 101)*.

8 Synagogue Pinkas

Près du vieux cimetière juif, les noms des 77 297 victimes de l'Holocauste en Bohême et en Moravie couvrent les murs de ce sanctuaire édifié en 1535 *(p. 25)*. La galerie des femmes date du XVIIIe s. *(p. 101)*.

9 Église Saint-Jacques

Des scènes des vies des saints François d'Assise, Jacques et Antoine de Padoue ornent la façade. À l'intérieur, l'avant-bras momifié accroché à droite de l'entrée *(p. 52)* détourne parfois l'attention de la qualité du mobilier baroque *(p. 74)*.

10 Cathédrale orthodoxe Saints-Cyrille-et-Méthode

Réfugiés dans la crypte, les auteurs de l'attentat contre Reinhard Heydrich *(p. 106)* se donnèrent la mort plutôt que de se rendre. La Gestapo exécuta l'évêque orthodoxe qui les avait recueillis. *Resslova 9 • plan E5 • crypte : ouv. avr.-oct. : mar.-dim. 10h-17h ; nov.-mars : 10h-16h • EP.*

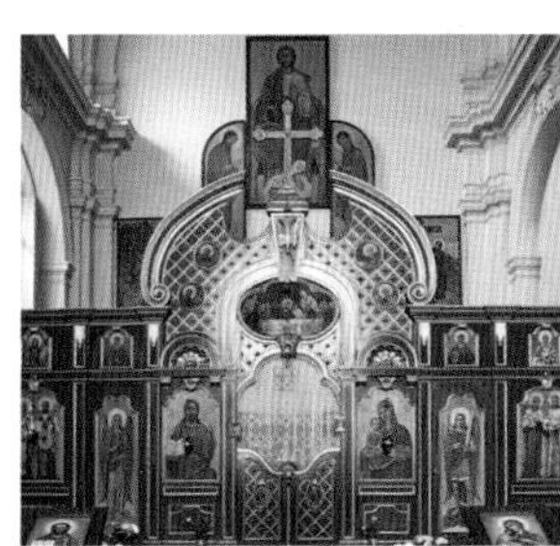

Cathédrale Saints-Cyrille-et-Méthode

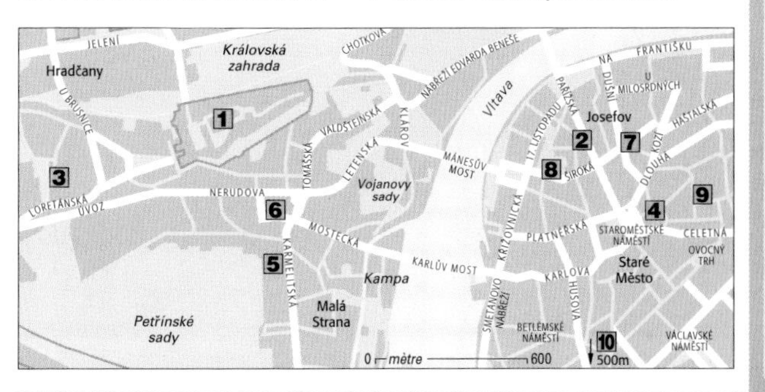

Gauche **Funiculaire, colline de Petřín** Droite **Île Kampa**

Parcs et jardins

1 Colline de Petřín

Selon la rumeur, les vues offertes par cette éminence boisée dominant la Vltava sont si belles qu'elles auraient conduit des âmes romantiques à embrasser spontanément des passants, dont des moines du couvent de Strahov *(p. 32-33).*

2 Vyšehrad

Suffisamment loin du centre pour ne pas attirer trop de touristes, cette ancienne citadelle au bord de la Vltava renferme l'église néo-gothique Saints-Pierre-et-Paul et le cimetière où reposent Dvořák et Smetana. Équipez-vous si le temps est incertain car les abris manquent *(p. 121).*

3 Jardin Wallenstein

L'aventurier et général Albrecht von Wallenstein (1581-1634) fit démolir 23 maisons pour bâtir un palais baroque à sa démesure, il le dota d'un jardin aux parterres géométriques agrémentés de bronzes du XVIIe s. Contre un mur, de fausses concrétions calcaires imitent une grotte *(p. 83).*

Stromovka

4 Île Kampa

Un étroit canal sépare du reste de Malá Strana un beau parc créé en réunissant plusieurs jardins de palais. Les habitants du quartier viennent y jouer au frisbee ou prendre le soleil sur les pelouses. Ils y promènent aussi leurs chiens ; regardez où vous marchez *(p. 82).*

Jardin Wallenstein

5 Vojanovy Sady

Des paons se dandinent parmi les arbres fruitiers et les fleurs du jardin clos d'un ancien couvent carmélite *(p. 83)*.

6 Stromovka

Cette réserve de chasse royale créée par Otakar II en 1266 devint un parc public en 1804. Des étangs se prêtent à la pratique du patin à glace en hiver. En été, on vient y nourrir les canards *(p. 116)*.

7 Jardin franciscain

Pour vous reposer de l'animation régnant sur la place Venceslas, rejoignez derrière l'église Notre-Dame-des-Neiges les retraités et les employés de bureau qui viennent s'asseoir sur les bancs pour bavarder ou déjeuner au calme *(p. 105)*.

8 Jardins royaux

Ce parc soigneusement entretenu a pour origine un jardin créé par Ferdinand Ier au XVIe s. Il renferme deux pavillons Renaissance : le charmant Belvédère et le Jeu de paume orné de sgraffites *(p. 8-11)*.

9 Île Střelecký

Au bord de la Vltava, le point de vue du lever du soleil sur le château est apprécié des lève-tôt. En été, les Pragois viennent aussi sur l'île pour voir des films et assister à des concerts en plein air. *Plan D4.*

10 Jardins du Sud

Descendre du château de Prague jusqu'au quartier du Petit Côté (Malá Strana) par ces jardins en terrasses est le meilleur moyen de conclure la journée de visite à Hradčany *(p. 8-11)*.

Jardins du Sud

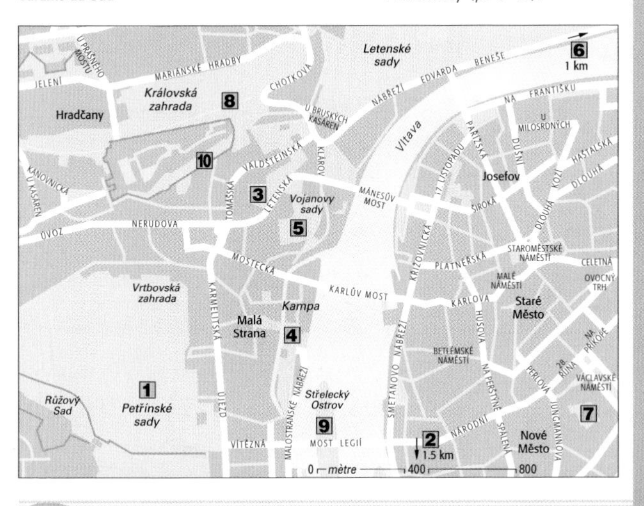

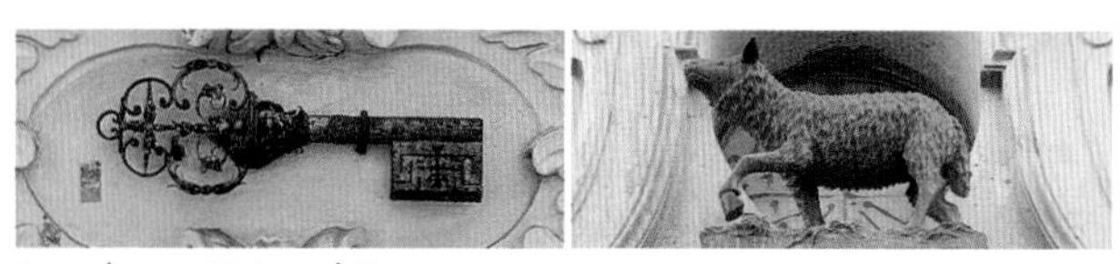

Gauche **À la Clé d'Or** Droite **À l'Agneau Rouge**

TOP 10 Enseignes de maisons

1 Un système de numéros permettant de définir les adresses à Prague n'entra en vigueur qu'en 1770 à l'initiative de l'impératrice Marie-Thérèse. Celle-ci aimait propager sur les rives de la Vltava l'esprit d'ordre que les Habsbourgs faisaient régner à Vienne. Avant cela, il fallait se fier à des symboles allégoriques pour identifier les maisons. Les enseignes qui les portaient restent nombreuses dans tout le centre-ville, mais elles ne sont nulle part aussi concentrées que dans la rue Nerudova, dans Malá Strana *(p. 81)*. Souvent, leur signification a sombré dans l'oubli, quand elle n'a pas changé. Par exemple, le Cygne Blanc (à ne pas confondre avec le grand magasin du même nom : Bílá Labut') a probablement remplacé une Oie d'Or. *Nerudova 49.*

2 Aux Deux Soleils

Jan Neruda (1834-1891), qui a donné son nom à la rue, vécut dans cette maison de 1845 à 1857. Ce poète et journaliste écrivit de nombreuses nouvelles ayant pour cadre le quartier de Malá Strana, repaire traditionnel des écrivains et des artistes pragois. De petites galeries d'art et des boutiques d'artisanat entretiennent aujourd'hui cette tradition créatrice. *Nerudova 47.*

3 À la Clé d'Or

Au XVIIe s., les orfèvres qui travaillaient pour le château mais ne vivaient pas dans la ruelle d'Or *(p. 9)* devaient acquitter une taxe municipale dont leurs collègues étaient exemptés. Elle leur donnait toutefois le droit d'afficher publiquement leur activité, ce que fit l'occupant de cette maison. *Nerudova 27.*

Aux Deux Soleils

4 À l'Agneau Rouge

L'un des symboles les plus pittoresques de la rue avait peut-être jadis une signification ésotérique d'une grande profondeur, mais elle s'est perdue. Même le propriétaire actuel des lieux ne peut fournir d'explication à ce charmant emblème. *Nerudova 11.*

La rue Nerudova offre aussi un chemin pratique entre la Vieille Ville et le château de Prague.

Saint Venceslas

5 Saint Venceslas

La façade de la maison Štorch, sur la place de la Vieille-Ville, rend hommage au saint patron de la Bohême, mais aussi aux maréchaux-ferrants qui chaussaient les montures des nobles du château. *Staroměstské náměsté.*

6 Aux Trois Lys

Les fleurs n'apparaissent plus sur la façade, mais ornent toujours le sommet de la maison, dont Jan Neruda utilisa le nom pour un récit fiévreux d'orage et de passion. Ses histoires avaient souvent pour cadre des maisons de ce genre. *Nerudova 15.*

7 À la Roue d'Or

Il s'agit ici d'un symbole alchimique, la roue représentant une étape dans le *magnum opus,* le processus de transformation du plomb en or. Les alchimistes modernes – oui, il en existe encore – accordent plus d'intérêt aux implications spirituelles du « grand art ». *Nerudova 28.*

8 Aux Trois Petits Violons

Comme beaucoup d'autres immeubles de la rue, l'ancien domicile d'une famille de luthiers du XVIIIe s. abrite désormais un restaurant. Le bruit court qu'un trio démoniaque y fait grincer ses instruments au clair de lune. *Nerudova 12.*

9 Au Diable

Dans les légendes locales, Lucifer apparaît davantage comme un filou à l'âme de maquignon que comme un prince des ténèbres. Si vous cédez à la tentation de prendre place à une table du restaurant, il ne vous en coûtera pas votre âme. *Nerudova 4.*

10 Au Homard Vert

À quoi pensaient les propriétaires en accrochant l'enseigne au-dessus de leur porte ? Peut-être étaient-ils juste en concurrence avec leurs voisins du n° 39, « Au Panais en Saillie ». *Nerudova 43.*

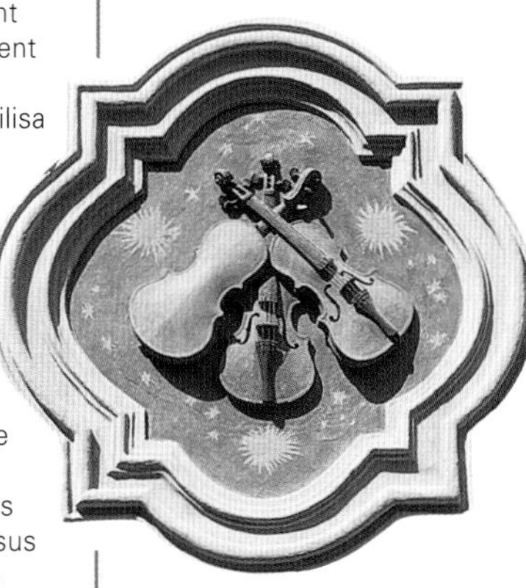

Aux Trois Petits Violons

Gauche **Karel Čapek** Centre **Franz Kafka et sa fiancée** Droite **Václav Havel**

TOP 10 Écrivains et compositeurs

1 Franz Kafka
Bien qu'il ait écrit en allemand, et n'ait presque pas été publié de son vivant, Franz Kafka incarne l'esprit de Prague, une ville qui se trouvait au cœur des interrogations et des élans du début du XXᵉ s. Ses romans, par bien des aspects, semblent annoncer la dictature bureaucratique qui étouffera bientôt l'Europe centrale.

2 Gustav Meyrink
Ce romancier autrichien vécut à Prague, où il se passionna pour les vieilles légendes de la ville. Elles lui donnèrent le sujet de son livre le plus célèbre : *Le Golem.* Publié en 1914, il mettait en scène le personnage historique de Rabbi Löw *(p. 52).*

3 Karel Čapek
Le mot « robot », dérivé d'un terme tchèque désignant le travail forcé, est apparu pour la première fois, en 1921, dans une pièce de théâtre de cet auteur de science-fiction : *R.U.R. (Rossum Universal Robots).*

4 Jaroslav Hašek
L'auteur des *Aventures du brave soldat Švejk au temps de la Grande Guerre,* une satire du militarisme qui n'a rien perdu de son actualité, fut une grande figure du dadaïsme. Il fut aussi l'un des ironiques fondateurs du Parti pour un progrès modéré dans les limites de la loi.

5 Wolfgang Amadeus Mozart
Les Pragois ont toujours affirmé que le génial compositeur les avait préférés aux Viennois, et ses œuvres sont régulièrement données en concert dans la ville. La première de son opéra *Don Giovanni* eut lieu au théâtre des États *(p. 65),* et sa mort, en 1791, plongea la capitale tchèque dans un deuil spectaculaire.

6 Bedřich Smetana
Ses opinions politiques marquèrent les créations du compositeur. L'opéra *Libuše,* inspiré d'une légende sur la première dynastie tchèque, fut écrit pour l'inauguration du Théâtre national. Son œuvre la plus célèbre, *La Moldau,* porte le nom allemand de la Vltava et fait partie d'un cycle de poèmes symphoniques intitulé *Ma patrie.*

Wolfgang Amadeus Mozart

Antonin Dvořák

7 Antonin Dvořák

Après avoir commencé sa carrière dans l'Orchestre de Prague dirigé par Smetana, Dvořák acquit une réputation internationale grâce à des compositions influencées par la musique folklorique slave. Il écrivit sa *Symphonie du Nouveau Monde* alors qu'il était directeur du Conservatoire national de New York.

8 Bohumil Hrabal

Ce romancier avait ses habitudes dans la taverne U Zlatého tygra *(p. 60)*, dans la Vieille Ville, où il notait les histoires qu'il entendait. Il mourut en tombant de la fenêtre de sa chambre d'hôpital en 1997.

9 Václav Havel

Avant de devenir président de la République, Havel ne fut pas seulement un opposant politique, mais aussi un remarquable dramaturge *(p. 35)*.

10 Milan Kundera

L'écrivain d'origine tchèque le plus célèbre aujourd'hui quitta son pays en 1968, lors de l'invasion des forces du pacte de Varsovie. Il a acquis la nationalité française en 1981.

Art, musique et littérature

1 *Le Procès*
Dans ce roman de Kafka de 1925, le héros est accusé d'un crime dont personne ne veut rien lui dire.

2 *Le Château*
Kafka vivait dans la ruelle d'Or du château de Prague quand il travailla à ce roman.

3 *Les Aventures du brave soldat Švejk*
Hašek se montra si efficace dans sa satire de l'armée, de la bureaucratie et de l'Empire austro-hongrois que les Tchèques ont encore du mal à prendre l'autorité au sérieux.

4 *Épopée slave*
Avec cette série, le maître de l'Art nouveau Alfons Mucha célèbre le passé mythique de son pays.

5 *R.U.R.*
La pièce de Čapek scrute les structures sociales et le rapport au travail.

6 *Grand-mère*
Božena Němcová s'inspira des récits de sa grand-mère pour ce roman de mœurs.

7 *Moldau*
Le poème symphonique de Smetana suit le cours de la Vltava depuis sa source.

8 *Symphonie du Nouveau Monde*
La musique populaire noire marque la dernière symphonie de Dvořák.

9 *Disturbing the Peace*
Václav Havel s'interroge sur le communisme et l'aspiration à la démocratie en Europe centrale.

10 *L'Insoutenable Légèreté de l'être*
Kundera met en opposition deux attitudes face à la vie : légèreté et pesanteur.

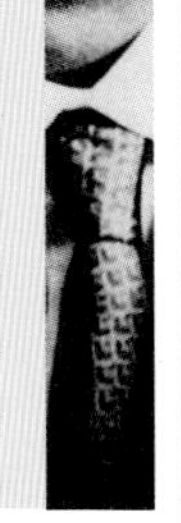

Gauche ***Mission : Impossible*** Droite **Kolya**

Sites de tournage

Amadeus

1 *Amadeus*

Jouant un Wolfgang Amadeus Mozart pris d'ivresse dans le film aux huit oscars de Miloš Forman adapté en 1984 d'une pièce de Peter Shaffer, Tom Hulce tituba dans l'étroite ruelle Thunovská du quartier de Malá Strana. Alors que Vienne restait imperméable au génie du compositeur, Prague fit un triomphe, au théâtre des États *(p. 64)*, à son *Don Giovanni*.

2 *L'Insoutenable Légèreté de l'être*

Dans le film tiré en 1988, par Phillip Kaufman, du roman de Milan Kundera, Daniel Day Lewis et Juliette Binoche forment un couple malheureux vivant sur Radnické schody pendant le Printemps de Prague et l'invasion des forces du pacte de Varsovie en 1968 *(p. 45)*.

3 *Mission : Impossible*

Tom Cruise assurait la vedette de ce film d'aventure de 1996. Des voitures explosent sur l'île Kampa, et des restaurants les imitent sur la place de la Vieille-Ville. La réception de la scène d'ouverture se déroule dans le Musée national.

4 *Les Misérables*

Dans cette version du classique de Victor Hugo présentée en 1998, Jean Valjean, interprété par Liam Neeson, échappait à la maréchaussée en se glissant dans des égouts sur Hradčanské náměstí.

5 *Facile à tuer*

Dans une scène de poursuite, Dolph Lundgren saute d'un toit du château de Prague... et atterrit miraculeusement sur le Théâtre national. L'exploit laissa le plublic local de glace.

Les Misérables

L'Insoutenable Légèreté de l'être

6 From Hell
Diffusé en 2001, ce film des frères Hughes recréait un Londres envahi par le brouillard dans la rue Saská, près du pont Charles, et d'autres sites de Mála Strana. Hors plateau, Johnny Depp se ressourçait dans l'atmosphère enfumée du Blue Light, sur Josefská.

7 *Plunkett et Macleane*
Jonny Lee Miller et Robert Carlyle vont et viennent sur Thunovská dans cette production de 1999 où des habitants du quartier firent de la figuration.

8 *Kolya*
En 1996, Jan Svěrák donna à son père Zdeněk le rôle d'un violoncelliste grognon qui répare les tombes du cimetière d'Olšanská pendant son temps libre. L'enfant qui donne son titre au film se perd dans la station de métro Anděl *(p. 49)*.

9 *La Mémoire dans la peau*
Jindřišská et Panská, rues proches de la place Venceslas, se trouvaient à Zurich dans ce film d'action sorti en 2002.

10 *Donjons et dragons*
Même les effets spéciaux ne peuvent empêcher de reconnaître le pont Charles.

Cinéastes tchèques

1 Miloš Forman
Le réalisateur primé aux oscars en 1975 pour *Vol au-dessus d'un nid de coucous* revint dans son pays natal pour *Amadeus*.

2 Jan Svěrák
Ce jeune cinéaste remporta plusieurs prix à l'étranger avec *Kolya* (1996).

3 Jan et Eva Švankmajer
Les objets surréalistes d'Eva prennent vie dans les films de son mari Jan.

4 Gene Deitch
Cet Américain travaillait dans le dessin animé avant de devenir producteur en Tchécoslovaquie communiste. Il tomba amoureux de Prague et resta.

5 Gustav Machatý
Son film *Extase* (1932) contenait la première scène dénudée de l'histoire du cinéma. La jeune actrice slovaque qui se déshabillait devint Hedy Lamarr.

6 Petr Zelenka
Zelenka se distingue par son humour dans des films comme *Knoflíkári* (*Les Boutonniers*, 2000).

7 Jiří Menzel
Son *Train étroitement surveillé* fut récompensé en 1966 au premier Festival du film tchécoslovaque.

8 Výra Chytílová
La grande dame du cinéma national eut deux films présentés à Cannes.

9 Karel Vachek
Ses documentaires saisissent l'absurdité de la vie politique tchèque.

10 Ivan Reitman
Installé aux États-Unis, il y dirigea *SOS Fantômes*.

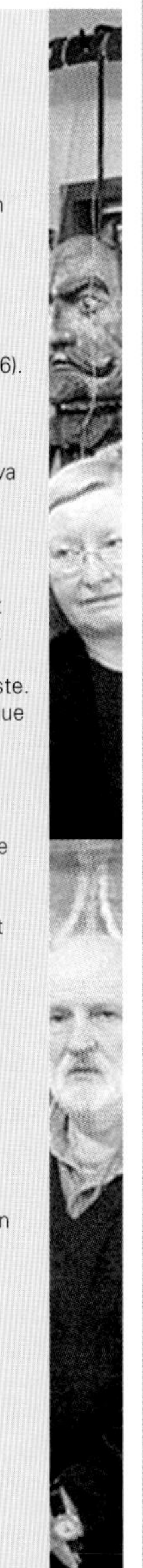

Gauche **Stade de Strahov** Droite **Station de métro Anděl**

Monuments communistes

1 Tour de la télévision de Žižkov

La construction la plus détestée des Pragois date des années 1970. La rumeur lui attribuait pour fonction le parasitage des émissions radio captées de l'étranger. À une hauteur de près de 100 m, une plate-forme panoramique offre une vue spectaculaire de la capitale tchèque *(p. 117)*.

2 Monument national

Inauguré en 1932 au sommet de la colline de Vítkov, ce mémorial à Jan Žižka, héros des guerres hussites, devint le mausolée du premier président communiste Klement Gottwald, décédé en 1953. On momifia son corps, à l'imitation de celui de Lénine à Moscou, mais l'embaumement ne tint pas et il fallut incinérer ses restes. Ses cendres, et les dépouilles d'autres apparatchiks, furent retirées après la révolution de Velours *(p. 35)*. Le Musée national envisage d'ériger sur le site un monument aux victimes du totalitarisme. *Colline de Vítkov, Žižkov • plan B6 • ferm. au public.*

3 Stade de Strahov

Cette arène démesurée bâtie sur la colline de Petřín pour Sokol, une association de promotion de la culture physique, pourrait contenir le château de Prague. Son premier rassemblement traditionnel de gymnastes, ou *slet,* eut lieu en 1926. Le stade continue aujourd'hui de se remplir de jeunes gens, mais ils s'agitent désormais sur du rock *(p. 32)*.

4 Parc de Letná

Là où oscille aujourd'hui l'aiguille du métronome géant du sculpteur David Černy, à un endroit visible de toute la ville au sommet d'une colline, se dressa à partir de 1955 la plus grande statue de Staline du monde. Il guidait une file de travailleurs, et la sculpture prit le surnom de « la queue chez le boucher ». Il fallut utiliser la dynamite pour la détruire, en 1962, sur ordre de Khrouchtchev. En 1996, Michael Jackson eut la maladresse d'accrocher au socle une immense effigie gonflable de lui. *Letenské sady, Letná • plan E1.*

Sbratření

Immeuble de la radio tchèque

5 Palais des Congrès

Les urbanistes de l'ère communiste décidèrent d'étendre Prague, et ils édifièrent l'ambitieux palais de la Culture hors du centre. Depuis l'avènement de la démocratie, il a été transformé en un grand centre de convention, mais n'a pas encore réussi à trouver preneur *(p. 121)*.

6 Station de métro Anděl

Le réaménagement du centre d'affaires et de loisirs Anděl entraîna la dépose d'une mosaïque évoquant l'amitié entre Prague et Moscou. Sur les quai de la station de métro subsistent néanmoins des frises à la gloire des cosmonautes soviétiques. Il vous faudra un ticket pour les contempler, même si vous ne comptez pas monter dans une rame. *Plan A6.*

7 Sbratření

L'un des rares monuments pro-soviétiques restés en place à Prague montre un résistant tchèque étreignant un fantassin russe en signe de bienvenue. Il rappelle que c'est l'Armée rouge qui libéra la ville des nazis en 1945. *Vrchlického sady • plan G4.*

8 Immeuble de la radio tchèque

Quand les blindés du pacte de Varsovie écrasèrent en 1968 le Printemps de Prague initié par Alexander Dubček, des journalistes de la radio nationale comptèrent parmi les premières victimes à payer de leur vie leur résistance à l'invasion. Une plaque, sur la façade de leur lieu de travail, rend hommage à leur courage. *Vinohradská 12, Vinohrady • plan B6 • ferm. au public.*

9 Immeuble de RFE

Construit dans les années 1970, ce bâtiment resta le siège de l'assemblée fédérale jusqu'à la partition de la Tchécoslovaquie en 1993. Si de jeunes soldats s'ennuient à l'entrée, c'est qu'il reste occupé par Radio Free Europe. *Vinohradská 1, Nové Město • plan H5 • ferm. au public.*

10 Musée du Communisme

L'exposition, en s'efforçant de rendre concret ce qu'était la vie sous le communisme, fait d'une certaine manière ressortir la dimension « virtuelle » d'un univers dont les symboles omniprésents étaient en complète contradiction avec la réalité. La visite fait sourire par moments, mais la reconstitution d'une cellule d'interrogatoire *(p. 37)* glace le sang.

Musée du Communisme

Gauche **Affiche du Musée de cire** Droite **Théâtre national de marionnettes**

10 Prague excentrique

1 Musée des Instruments de torture

La collection réunit plus de 60 objets inventés au Moyen Âge pour provoquer la souffrance et la mort. Ils proviennent de toute l'Europe. Les visiteurs qui ne comprendraient pas leur fonctionnement disposent d'illustrations et d'explications en plusieurs langues. *Mostecká 21• plan D3 • ouv. t.l.j. 10h-22h • EP.*

2 Rock Therapy

Sous-titré « Une petite histoire de la grande époque des Beatles », ce spectacle sans texte associe projections, danse et marionnettes pour donner « une version en théâtre noir vaguement poétique du film d'animation *Yellow Submarine* ». Il n'est pas nécessaire d'être un fan des Beatles pour apprécier cette synthèse de différentes formes tchèques d'art dramatique. *Animato Theater, Na Příkopě 10 • plan N5 • EP.*

3 Musée de cire de Prague

Les grandes figures de l'histoire de la Bohême, de Rodolphe II au brave soldat Švejk, en passant par Franz Kafka, côtoient ici des icônes médiatiques plus modernes comme Bill Clinton, Elton John et Tina Turner. *Ulice 28, Října 13 • plan M3 • ouv. t.l.j. 9h-20h • EP.*

4 *Don Giovanni* en marionnettes

Les Pragois n'ont pas oublié que Mozart donna la première de son opéra *Don Giovanni* au théâtre des États en 1787, et deux compagnies en proposent une version en marionnettes. La meilleure est celle du Théâtre national de marionnettes. Les manipulateurs possèdent une technique telle qu'en sortant, vous chercherez les fils qui animent les passants *(p. 65)*.

5 Exposition d'araignées et de scorpions

Au cas où la visite du musée des Instruments de torture n'aurait pas suffi à vous donner la chair de poule, vous trouverez au même endroit un petit zoo où plus de 100 animaux venimeux du monde entier vivent dans leur habitat reconstitué. *Mostecká 21 • plan M3 • ouv. t.l.j. 10h-22h • EP.*

Musée des Instruments de torture

Exposition d'araignées et de scorpions

6 Sex Machine Museum

Cette exposition d'objets érotiques d'époques variées a pour ambition de faire sourire devant l'ingéniosité et la créativité avec lesquelles l'humanité s'efforce depuis l'Antiquité d'augmenter son plaisir sexuel. Les voies suivies paraissent parfois étranges. Bien entendu, il y a une boutique de cadeaux. *Melantrichova 18 • plan L4 • ouv. t.l.j. 10h-23h • EP.*

7 Fontaine Křižík

Chaque soir d'été, dans le parc des Expositions, les 50 pompes, 3 000 jets d'eau et quelque 1 200 projecteurs pilotés par ordinateur de la fontaine permettent de fantastiques spectacles son et lumière. Les musiques vont du classique au hard rock. Les productions récentes ont inclus les prestations de compagnies de danse folklorique et un mélodrame basé sur des intrigues ayant James Bond comme héros *(p. 116)*.
Výstaviště, Holešovice • plan B5.

8 *Le Mariage de Figaro* en marionnettes

Son interprétation par des pantins animés apporte à l'opéra comique de Mozart une dimension originale qui séduira les amateurs de théâtre et d'art lyrique. Malgré leur habileté, les manipulateurs ont toutefois du mal à maintenir l'illusion.
Staroměstské náměstí 12 • plan M3.

9 *Orphée et Eurydice* en marionnettes

Prenez un thème éternel : l'amour cherchant à transcender la mort, puis adaptez l'histoire à une tradition tchèque séculaire, et vous obtiendrez un résultat surprenant. Il est presque aussi intéressant de contempler les expressions médusées dans la salle que l'action qui se déroule sur scène. *Théâtre national de marionnettes : Žatecká 1 • plan L3.*

10 Opérette

L'amour des Tchèques pour les comédies musicales ne possède pas de limites, hormis peut-être le nombre d'artistes disponibles pour les jouer. Après *Dracula*, *Monte-Cristo* connaît un grand succès. Le magazine anglophone *The Prague Post (p. 128)* donne le programme des représentations.
Divadlo Broadway : Na Příkopě 31 ; plan N5 • Divadlo Ta Fantastika : Karlova 8 ; plan L4 • palais des Congrès, 5. května 65, Vyšehrad ; plan B6.

Fontaine Křižík

Gauche **Golem** Centre **Voleur manchot** Droite **Monastère d'Emmaüs**

Top 10 Lieux hantés

1 Visite guidée
Tous les soirs, Michal Fried se drape dans une cape blanche et entraîne ses clients dans une découverte nocturne des lieux de la Vieille Ville fréquentés par des créatures surnaturelles. Pour vous joindre au groupe, adressez-vous à l'homme d'aspect morbide posté sous l'horloge astronomique *(p. 16)*.

2 Turc de l'Ungelt
Parmi les marchands étrangers habitant jadis la cour qui leur était réservée derrière l'église Notre-Dame-de-Týn *(p. 14)* figurait un Turc dont la promise s'enfuit avec un autre. De rage, il la décapita. Il errerait toujours dans l'Ungelt en portant la tête tranchée.

3 Voleur manchot
Selon la légende, un malandrin tenta de dérober les bijoux de la Vierge de l'église Saint-Jacques *(p. 74)*, mais la statue lui saisit le bras et rien ne put la faire lâcher. Il fallut amputer. Depuis, le voleur hanterait l'église en quête d'une âme secourable disposée à l'aider à récupérer le membre momifié accroché au mur.

4 Le Golem
Selon la légende à la base du roman de Gustav Merink *(p. 44)*, Rabbi Löw aurait caché dans les combles de la synagogue Vieille-Nouvelle *(p. 24)* les restes de cette créature d'argile à qui il avait donné vie.

5 L'homme de fer
Croyant à tort que sa fiancée l'avait trompé, un chevalier annula le mariage. Il comprit son erreur quand elle se noya par chagrin, et se suicida à son tour. Il « apparaît » tous les 100 ans dans la rue Platnéřská avec l'espoir qu'une jeune femme le libérera. Sa prochaine venue est prévue en 2009.

6 Le noyé
À la fin du XIXe s., Bobeř Říma bascula dans la Vltava avec la bicyclette qu'il avait dérobée. Si un jeune homme trempé essaie de vous vendre un vélo près du pont Charles, ne vous arrêtez pas.

7 Le diable d'Emmaüs
La cuisine tchèque est peu épicée depuis que le Malin tenta de pousser les moines d'Emmaüs au péché en pimentant leur nourriture.

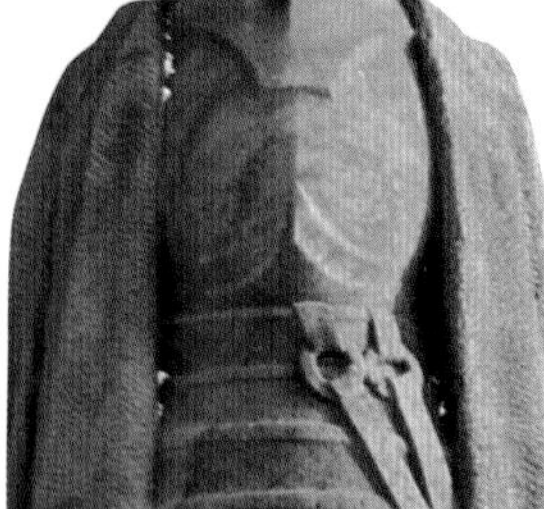

L'homme de fer

Loup-garou

8 Le loup-garou
Le garde-chasse de Rodolphe II portait un tel amour aux loups conservés dans le fossé aux Cerfs des jardins royaux qu'il en devint un lui-même. Il prend aujourd'hui la forme d'un gros chien qui aime courir après les cyclistes, les joggeurs et les promeneurs.

9 Drahomira
De l'avis général, la mère de saint Venceslas n'avait rien d'une personne agréable. Elle assassina sa belle-mère, et aurait fait connaître le même sort à son fils si elle n'avait pas été aspirée en enfer avant de passer à l'acte. Elle traverse parfois Loretanská náměstí dans un carosse emporté au grand galop.

10 Le barbier fou
Ce fantôme des rues Karlova et Liliova abandonna jadis son foyer et sa famille pour se lancer dans une quête alchimique. Sa fille finit dans une maison close et sa femme se suicida. Il revient parce qu'il aimerait pouvoir reprendre son ancienne profession et avoir une chance de réparer ses fautes.

Idées fausses

1 Les Tchèques sont celtes.
Le peuple tchèque descend de tribus germaniques et slaves.

2 Château de Vyšehrad
La légende a amplifié l'importance du premier siège des dynasties de Bohême.

3 La ruelle d'Or abritait des alchimistes.
Ils préféraient se loger à crédit en ville.

4 Jean Népomucène est mort sur le pont Charles.
C'est un corps sans vie qui fut jeté dans la Vltava *(p. 19)*.

5 Jan Masaryk s'est suicidé.
Que ce ministre des Affaires étangères tombe d'une fenêtre du palais Černín arrangea beaucoup les communistes en 1948.

6 Il n'existe qu'une Budweiser.
La bière de České Budějovice (Budweis en allemand) n'a aucun rapport avec son homonyme américain.

7 Des hippies tchèques ont peint le mural de John Lennon.
Il s'agissait de l'œuvre d'un étudiant d'art mexicain *(p. 81)*.

8 L'absinthe rend fou.
La plante n'entre plus qu'en quantité négligeable dans la boisson.

9 La marijuana est légale.
La loi tolère seulement la possession d'une « petite quantité » de cannabis.

10 Prague est la nouvelle rive gauche.
Cette légende née après la révolution de Velours n'a cours qu'auprès des étrangers.

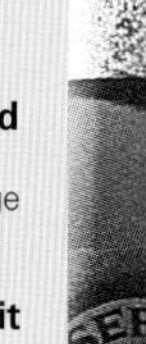

Gauche **Entrée du labyrinthe des Glaces** Droite **Gargouille, cathédrale Saint-Guy**

Attractions pour enfants

1 Labyrinthe des Glaces

Faire des grimaces, se tortiller et glousser comme un petit fou devant des miroirs déformants amuse à tout âge. Reproduction en bois d'une porte gothique, le pavillon qui les abrite sur la colline de Petřín ressemble à un jouet.
Les enfants d'un certain âge apprécieront sans doute aussi le diorama du combat pour *La Défense de Prague contre les Suédois* en 1648 sur le pont Charles *(p. 32-33)*.

2 Les cygnes

Střelecký Ostrov est l'endroit idéal pour contempler les cygnes qui nagent sur la Vltava. Peu farouches, ils ne craignent pas d'approcher pour se nourrir des miettes que leur jettent des enfants. Mieux vaut prendre garde qu'ils ne pincent pas quelques doigts en se disputant la nourriture. *Plan D4.*

Marionnettes tchèques

3 Spectacles de marionnettes

Il existe une très vieille tradition tchèque de la marionnette, et plusieurs compagnies donnent des représentations dans l'après-midi. En général, il n'est pas nécessaire de comprendre les dialogues et la narration pour les apprécier. Le Théâtre national de marionnettes se produit le week-end. Il est recommandé de réserver sa place *(p. 65)*.

4 Jouer en se promenant

Prague recèle beaucoup de détails architecturaux amusants à dénicher. Surtout si l'on joue à qui les verra le premier. Les gargouilles de la cathédrale Saint-Guy *(p. 12-13)* offrent un bon support d'entraînement, avant de se mettre à l'affût des enseignes *(p. 42-43)*, des statues ou des curieux masques et visages qui animent corniches et façades partout dans les rues.

5 Tour Blanche

Voici l'un des lieux les plus amusants du château de Prague. Les visiteurs peuvent tirer avec une véritable arbalète, choisir l'armure dans laquelle ils se verraient bien chevaliers, et se faire des frayeurs en imaginant des horreurs dans la salle des tortures. Et pour une fois, une petite taille devient un avantage, car il faut se glisser dans des passages bas et étroits.
Zlatá ulička, château de Prague • plan C2 • ouv. t.l.j. 9h-17h • EP.

Bateau sur la Vltava

6 Tram historique n° 91

Ce tram d'une autre époque suit en ville un circuit d'une demi-heure, et le chauffeur prend un grand plaisir à se servir de sa cloche. Le ticket coûte 20 Kč et permet de descendre et monter à tous les arrêts du trajet, entre autres Malostránská Národní divadlo *(p. 65)*. En restant à bord jusqu'au terminus, vous arriverez à la fête foraine de Výstaviště.
Mars-nov. : sam. et dim.

7 Výstaviště

Outre l'étonnante fontaine Křižík, le parc des Expositions renferme une excellente fête foraine. La diversité des attractions, des manèges aux montagnes russes, séduit jeunes et moins jeunes. Bien entendu, on y trouve aussi les indispensables vendeurs de barbe à papa et de friandises variées et très sucrées. Les festivités commencent en mars et durent tout l'été *(p. 117)*.

8 Sur l'eau

Même s'ils se laissent parfois séduire par le charme paisible du canotage, les enfants préfèrent en général tirer parti des plus grandes possibilités d'action sur la Vltava que leur permettent les pédalos proposés par de nombreux loueurs près du pont Charles *(p. 18-19)*. Restez vigilant, néanmoins, il n'est pas recommandé de se baigner dans la rivière.

9 « Théâtre noir »

Cette forme traditionnelle de spectacle est propre à Prague : des manipulateurs invisibles transforment en permanence le décor de scènes mimées. Plusieurs compagnies présentent leurs créations dans la Vieille Ville *(p. 65)*. Divadlo Ta Fantastika est la meilleure. *Divadlo Ta Fantastika, Karlova 8 • plan K4.*

10 Fontaine Křižík

Quelque 3 000 jets d'eau et plus de 1 000 projecteurs pilotés par ordinateur permettent d'extraordinaires spectacles son et lumière illustrant des morceaux musicaux d'une grande diversité. *The Prague Post (p. 128)* détaille le programme dans son calendrier des manifestations de la semaine *(p. 117)*.

Fête foraine de Výstaviště

Gauche **Eduard Čapek** Droite **Hračky**

Top 10 Boutiques et marchés

1 Dr Stuart's Botanicus

Parfums, bougies, savons, huiles et sels de bain... Cette chaîne propose un large choix de produits de toilette et de beauté naturels. Elle a des magasins dans toute la ville, mais le principal se trouve près de la place de la Vieille-Ville *(p. 76)*.

2 Museum Shop

Et si, pour vos cadeaux, plutôt que d'acheter un banal T-shirt de plus, vous preniez une écharpe imprimée d'un motif reproduisant un vitrail de la cathédrale Saint-Guy ! Vous trouverez également un large choix de tissus, de masques et de bibelots inspirés d'objets d'art exposés dans les musées de Prague. *Karlova 21 • plan L4.*

3 Havelská trh

Le plus grand marché en plein air de la Vieille Ville se tient tous les jours devant l'église Saint-Galle. Les marchands de fruits et légumes ne viennent pas le week-end, laissant davantage de place aux éventaires d'artisanat, de textiles et de souvenirs. *Havelský trh • plan M5.*

Dr Stuart's Botanicus

Art Deco

4 Art Deco

Pénétrer dans cette boutique remplie de meubles d'époque, de vêtements anciens et de bibelots donne l'impression de revenir à l'époque de la Première République. Des guêtres au fume-cigarette, vous trouverez de quoi vous costumer dans le style des années 1930, à moins que vous ne préfériez acheter une pendule Art nouveau pour votre salon. *Michalská 21 • plan L5.*

5 Galerie u bílého jednorožce

Dans une cave du XIe s. sous Notre-Dame-de-Týn, la galerie À la Licorne Blanche a pour spécialité des objets artisanaux : cravates colorées ou foulards peints à la main.
Staroměstské náměstí 15 • plan M3.

6 Eduard Čapek

Alors que le reste de la Vieille Ville s'embourgeoise, cette petite échoppe de brocante reste fidèle à elle-même et à un commerce où s'échangent surtout babioles et nouvelles.

Comment acheter à Prague **p. 132**

Comment elle parvient à rester ouverte tient du mystère, mais si vous aimez les authentiques vieilleries, voici l'endroit à ne pas manquer à Prague. ✆ *Dlouhá 32 • plan M2.*

7 Dorotheum

Héritière de l'institution de prêt sur gages établie par Joseph II à Vienne en 1707, l'étude de commissaires-priseurs Dorotheum possède des correspondants dans le monde entier et organise d'importantes ventes aux enchères plusieurs fois par an. Elle expose argenterie, porcelaine, bijoux et autres articles de collection dans une grande salle des ventes. ✆ *Ovocný trh 2 • plan N4.*

8 Blue

Ce magasin de souvenirs propose de la verrerie moderne à petits prix et que l'on peut utiliser au quotidien. Originale et gaie, elle apportera une touche de fraîcheur à la décoration de votre cuisine, de votre salon ou de votre salle de bains. Blue vend aussi des cadeaux plus traditionnels comme des T-shirts aux couleurs vives ou des livres de photos *(p. 76)*.

Blue

9 Hračky

Des centaines de merveilles telles que poupées folkloriques peintes à la main, jouets mécaniques, jeux de construction et trains miniatures emplissent une petite boutique. Hračky pratique en outre des tarifs tout à fait raisonnables. ✆ *Pohořelec 24 • plan A3.*

10 Erpet Bohemia Crystal

Cette enseigne de prestige sur la place de la Vieille-Ville vend des productions traditionnelles de Bohême comme le cristal ciselé, les bijoux en grenat, la verrerie émaillée, la porcelaine de la manufacture Goebbel et les lustres en cristal. Les clients disposent d'un salon confortable où ils peuvent réfléchir à leurs achats en sirotant un café. ✆ *Staroměstské náměstí 27 • plan M3.*

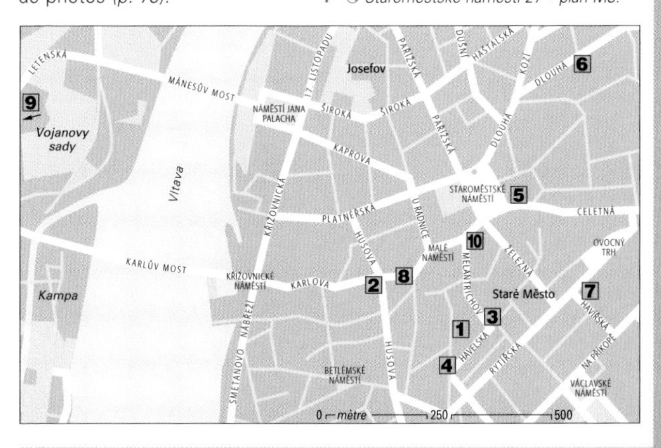

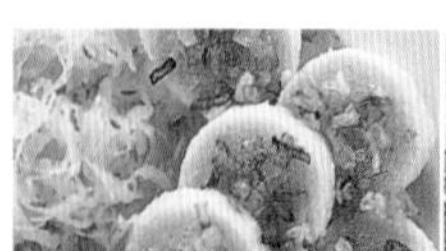

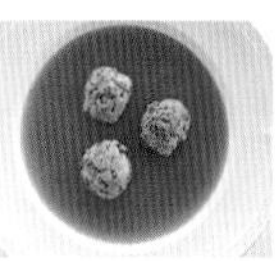

Gauche **Knedlíky de pommes de terre et choucroute** Centre **Rohlíky** Droite **Boulettes au foie**

TOP 10 Spécialités culinaires

1 Guláš

Ragoût de viande cuite sans légumes, le goulasch tchèque ne possède pas une saveur aussi épicée que son cousin hongrois. Le bœuf en constitue la base la plus fréquente, mais certains restaurants proposent parfois des goulasch au gibier, au poulet ou même végétariens. Les Pragois trempent dans la sauce des boulettes ou tranches de pâte appelées *knedlíky*.

2 Svíčková na smetaně

Ce filet de bœuf braisé, arrosé d'une sauce crémeuse adoucie par de la carotte, et servi avec une cuillérée d'airelles ou de crème fouettée, compte parmi les plats favoris du président Václav Havel.

3 Smažený sýr

Des frites *(hranolky)* et une sauce tartare au goût marqué accompagnent en général ce fromage doux pané. Comme pour beaucoup d'autres plats locaux, mieux vaut éviter de penser au cholestérol.

4 Utopence

Ces saucisses marinées possèdent une saveur légèrement acidulée. Toujours servies avec des oignons au vinaigre, elles accompagnent bien une pinte de bière – que l'on désire se contenter d'un déjeuner léger ou se mettre en appétit avant un repas plus consistant.

5 Knedlíky

À base de mie de pain ou de pommes de terre, ces boulettes ou ces tranches d'une pâte ressemblant à celle des quenelles accompagnent de nombreux plats en sauce. Elles peuvent aussi être parfumées au lard *(spekové)* ou fourrées avec un fruit *(Ovocné knedlíky)* comme la prune *(švestkové)*.

6 Pivní sýr

Ce fromage ramolli dans de la bière blonde révèle toute sa saveur étalé sur du pain noir et saupoudré d'oignon émincé.

7 Syrečky

Il émane une odeur piquante de ces petits fromages ronds également connus sous le nom d'*olomoucké tvaružky*. Avec du pain et des oignons, ils constituent un en-cas agréable à accompagner d'une bière.

Svíčková na smetaně

Ovocné knedlíky

8 Vepřoknedlozelo
Le nom est une contraction de *vepřová, knedlíky a zelí* : porc, boulettes de pâte et choucroute. En commandant ce plat typiquement tchèque, assez quelconque, vous impressionnerez le serveur par votre degré d'acclimatation... À condition de ne pas faire d'erreur de prononciation, bien entendu.

9 Halušky
Les Allemands appellent *Spaetzel* ces pâtes aux formes irrégulières. Originaires de Slovaquie, elles offrent un équivalent bon marché, et typique de l'Europe centrale, à un plat de pâtes italiennes. Vous pouvez les demander *s zelím* (avec de la choucroute) ou *s bryndzou* (avec un fromage crémeux).

10 Rohlíky
Consommés au petit déjeuner, et avec les plats du déjeuner et du dîner, ces petits pains en forme de banane servent aussi à la préparation de très nombreux sandwichs, tels ceux que vous trouverez dans un snack-bar (Bufet) ou une épicerie fine (Lahůdky). On y glisse également les saucisses grillées vendues à presque tous les coins de rue.

Bières tchèques

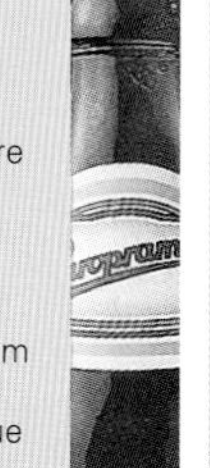

1 Staropramen
Les Pragois avouent un faible pour cette bière légère et fruitée brassée dans le quartier de Smíchov.

2 Pilsner Urquell
Produite à Plzeň, à 80 km au sud-ouest de Prague, la bière tchèque la plus connue sur le marché international a une robe claire et dorée et une forte saveur de houblon.

3 Krušovice
Cette brasserie fondée par Rodolphe II produit une bière douce et un peu terne. Essayez sa version brune *(tmavé)*.

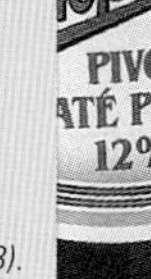

4 Budvar
La fierté de la ville de České Budějovice n'a aucun rapport avec la marque américaine Budweiser *(p. 53)*.

5 Velkopopovický Kozel
Considérée par certains comme sans équivalent dans le monde, cette bière puissante et onctueuse est vraiment à découvrir.

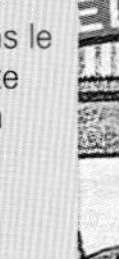

6 Velvet
Cette stout sophistiquée de Staropramen connaît un succès grandissant à Prague.

7 Gambrinus
La bière la plus vendue dans le pays existe en version blonde et brune.

8 Bernard
Cette bière non pasteurisée fleurant le houblon se distingue par sa saveur aigre-douce.

9 Herold
Cette brune très sombre possède des arômes de fruits caramélisés et de malt.

10 Braník
La Braník a pour particularité d'être fabriquée avec de l'eau de la Vltava.

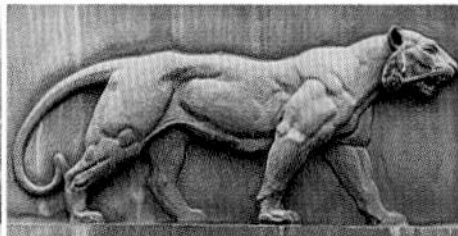

Gauche **Pivovarský dům** Droite **U Zlatého tygra**

10 Bars et *kavárnas*

U Fleků

1 U Fleků

Réputé pour la bière brune dont il a l'exclusivité et ses prix plutôt élevés, U Fleků accueille désormais les touristes par cars entiers. Malgré une rumeur très répandue, les petits verres de Becherovka ne sont pas servis gratuitement. Les tournées continuent d'arriver tant que vous n'avez pas dit *« ne »* cinq fois *(p. 112)*.

2 Pivovarský dům

Le brasseur de la maison passe son temps à imaginer des boissons aux saveurs étranges comme des bières de café ou de blé. Des cuves de fermentation dominent la salle du restaurant, qui sert une bonne cuisine rustique tchèque. *Lípová 15 • plan F6 • 22 921256• AH •* **KK.**

3 Novoměstský pivovar

Cette brasserie de la Nouvelle Ville également connue sous le nom de U Surlýho Waiterů propose de bonnes bières tout juste sorties des cuves et un remarquable canard rôti au chou et aux *knedlíky*. Vous devrez parfois attendre longtemps entre deux pintes à cause de l'affluence. *Vodičkova 20 • plan F4 • 222 232448 •* **KK.**

4 U Zlatého tygra

Cette taverne légendaire, repaire du défunt écrivain Bohumíl Hrabal *(p. 45)*, sert la meilleure Pilsner Urquel de la ville. Si vous trouvez une place où vous asseoir, c'est probablement qu'un des habitués vient de mourir. Ceux-ci ont vu avec flegmatisme Václav Havel boire ici un verre avec Bill Clinton, alors ne vous attendez pas à ce qu'ils vous accordent beaucoup d'intérêt.
Husova 17 • plan L4 • 222 221111 • pas de cartes de paiement • **KK.**

5 Tretter's

Le meilleur bar à cocktails de Prague et peut-être d'Europe est de création relativement récente, malgré un décor évoquant le début du XXe s. N'espérez pas assister à un numéro de jonglage avec les bouteilles, mais vous pouvez

Tretter's

Un kavárna *est un café.*

O' Che's

compter sur la qualité des quelque 200 classiques et créations préparés jusqu'à 3 h du matin. ✆ *V Kolkovně 3 • plan L2 • 22 811165.*

6 Bugsy's

Le Bugsy's compte parmi ces bars où de riches septuagénaires se pavanent avec une fille à chaque bras, mais les cocktails sont de haut niveau. Dégustez-les plutôt au comptoir... si les portiers ont jugé votre tenue suffisamment élégante pour vous laisser entrer. ✆ *Pařížská 2 • plan L2 • 224 810287.*

7 Escape

Si vous aimez les grands verres remplis de mélanges alcoolisés à base de jus de fruits, et les ambiances sonores rythmées par de la disco, c'est un endroit pour vous. Les célébrités locales l'apprécient également. ✆ *Dušní 8 • plan L1.*

8 Alcohol Bar

L'approche de l'art du cocktail est aussi directe que le suggère le nom, le système d'aération réussit à évacuer la fumée des cigarettes, le DJ passe des classiques du rock et de Motown, et la cuisine prépare des snacks pour les noctambules affamés jusqu'à 3 h du matin. ✆ *Dušní 6 • plan L1 • 224 811744.*

9 O'Che's

Cette version irlandaise d'un bar cubain paraît *a priori* improbable, mais le métissage se révèle finalement une réussite. Les jours de match de football, la salle se remplit de Pragois, de touristes et d'expatriés qui partagent passion et bonne humeur. Dommage que l'établissement ferme à minuit. ✆ *Liliová 14 • plan K5 • 222 221178.*

10 Chapeau Rouge

Le bar voisin de l'église Saint-Jacques *(p. 74)* a perdu une grande part, mais pas la totalité, du côté miteux qui le caractérisait à l'époque où il avait comme devise : « Le client a toujours tort ». Des routards continuent d'y refaire le monde au-dessus de verres d'absinthe, et vous risquez de vous voir offrir du haschisch dans la rue. Une expérience authentiquement pragoise au cœur du quartier touristique. ✆ *Jakubská 2 • plan N3.*

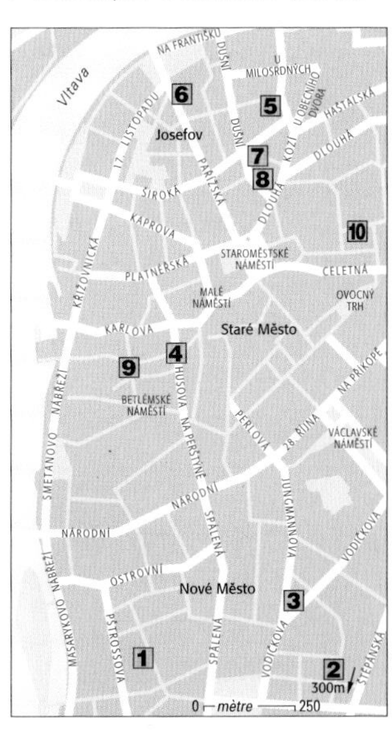

Catégories de prix **p. 79**

Gauche **U Šuterů** Droite **Kampa Park**

TOP 10 Restaurants

1 Kampa Park

Régulièrement classé meilleur restaurant de Prague, l'élégant Kampa Park bénéficie d'une situation exceptionnelle au bord de la rivière. Des influences du monde entier épicent sa carte. Le propriétaire, Nils Jebens, envisage d'ouvrir un autre restaurant sur Malostranské náměstí *(p. 89).*

2 U Šuterů

U Šuterů ne déroge à l'archétype du restaurant bon marché pragois que par l'amabilité de ses serveurs en nœud papillon. Essayez le canard rôti ou le meilleur goulasch en ville. *Palackého 2 • plan E6 • 224 947120 • pas de cartes de paiement* • **K.**

3 Pravda

Tout près de la synagogue Vieille-Nouvelle *(p. 24-25)*, le Pravda s'est imposé comme une adresse branchée et chère. On vient y déguster des mets métissés, avant de descendre dans le bar musical aménagé au sous-sol. *Pařížská 17 • plan L2 • 222 326203 • AH* • **KKKKK.**

Pravda

V Zátiší

4 V Zátiší

L'une des plus anciennes adresses gastronomiques de la capitale tchèque propose un menu dégustation et, pour accompagner les plats, une sélection de vins de Moravie qui peuvent être commandés au verre. Gardez de la place pour les desserts. *Liliová 1 • plan K5 • 222 221155 • AH* • **KKKKK.**

5 U Zlaté Studně

Le restaurant de l'hôtel « Au Puits d'Or » *(p. 138)* offre du dernier étage une vue qui donne l'impression d'avoir rejoint les cieux. La cuisine d'inspiration française s'efforce d'être à la hauteur. Le nombre restreint de places impose de réserver. *U Zlaté Studně 4 • plan C2 • 257 533322* • **KKKK.**

6 Alcron

Le nouveau restaurant de l'hôtel Radisson a pour spécialités le poisson et les fruits de mer, mais le chef se montre heureux de préparer à peu près n'importe quel plat. Il suffit de le lui demander quand il fait le tour de la petite salle Art déco. Si celle-ci

Catégories de prix **p. 79**

est pleine, essayez La Rotonde, de l'autre côté du hall. Après le dîner, vous pourrez écouter du jazz en sirotant des cocktails au bar le Bebop. *Štěpánská 40 • 222 820038 • AH •* **KKKKK.**

7 La Perle de Prague

Après une légère baisse, le restaurant français le plus réputé de la capitale tchèque a retrouvé toute sa qualité. Les gastronomes locaux reviennent découvrir avec enthousiasme sa carte. Le restaurant est situé au sommet de la célèbre « maison qui danse », l'immeuble hors du commun inspiré à l'architecte américain Frank Gehry par Fred Astaire et Ginger Rogers. *Rašínovo nábřeží 80 • plan E6 • 221 984160 •* **KKKKK.**

U Zlaté Studně

8 Plzeňská restaurace v Obecním domu

L'endroit attire de nombreux touristes, mais les somptueuses mosaïques couvrant les murs et l'accordéoniste qui joue des polkas presque en continu justifient cette popularité. Les prix de la bière et de la cuisine traditionnelle restent honnêtes. *Náměstí Republiky 5 • plan P3 • 222 002770 • AH •* **KK.**

9 Allegro

Au restaurant du Four Seasons, le chef milanais Vito Mollica prépare des spécialités italiennes authentiques et raffinées. *Veleslavínova 2a • plan K3 • 221 427000 • AH •* **KKKKK.**

10 Country Life

Enfin un restaurant qui n'oublie pas les végétariens ! Le Country Life n'accepte que les non-fumeurs. Vous y savourerez des plats sans viande ni produits laitiers servis en buffet à midi et à la carte le soir. Une boutique vend des aliments biologiques. *Melantrichova 15 • plan L4 • 224 213366 • AH •* **K.**

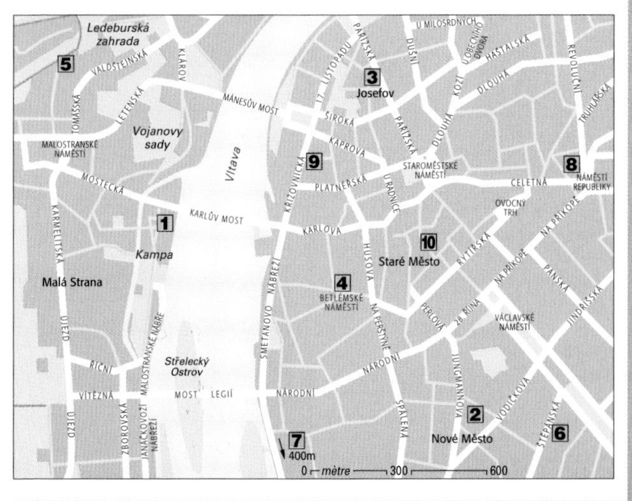

Gauche **Divadlo Alfred ve Dvoře** Droite **Théâtre national de marionnettes**

Salles de spectacles

Divadlo Archa

1 Divadlo Archa

Ce haut lieu pragois de la musique, de la danse et du théâtre d'avant-garde a récemment accueilli David Byrne et la Compagnie Pál Frenák, un chorégraphe hongrois basé à Paris. *Na Poříčí 26 • plan P3.*

2 Palác Akropolis

L'atmosphère du quartier de Žižkov doit beaucoup à ce centre culturel. Des vedettes internationales du jazz, du rock et de la world music se produisent régulièrement dans la grande salle, tandis que les groupes locaux trouvent un tremplin sur la petite scène *(p. 66)*. *Kubelíkova 33, Žižkov • plan B6.*

3 Divadlo Alfred ve Dvoře

La spécialité de cette salle subventionnée est le théâtre non verbal. *Františka Křížka 36, Holešovice • plan B5.*

4 Ponec

La principale scène tchèque de danse contemporaine organise des événements (festival, atelier pour jeunes). *Husitská 24a, Žižkov • plan B6.*

5 Divadlo Na Zábradlí

À l'époque du communisme, ce furent des théâtres comme celui-ci qui donnèrent un écho aux dissidents. En produisant des œuvres audacieuses, ils permirent à de jeunes auteurs écartés des scènes officielles, tel Václav Havel, de continuer à s'exprimer, et de bénéficier d'un soutien à l'étranger. *Anenské náměstí 5 • plan M3.*

6 Laterna Magika

Cette compagnie dont le siège se trouve près du Théâtre national reste une référence en matière de « théâtre noir », où des acteurs se confondant avec le fond de scène manipulent des objets. *Národní 4 • plan E4.*

7 Národní divadlo

Depuis son inauguration en 1883, le Théâtre national n'a pas varié dans sa vocation. Il continue de programmer des opéras, des ballets et des pièces de théâtre de grands auteurs tchèques. Le décor de la salle justifie presque à lui seul d'assister à une représentation. *Národní 2 • plan E4.*

Plafond, Národní divadlo

Auditorium, Rudolfinum

8 Rudolfinum

Le Rudolfinum inauguré en 1884 est devenu le siège de l'Orchestre philharmonique tchèque. Lorsqu'ils décidèrent de ne pas laisser un Juif, Felix Mendelssohn, figurer parmi les musiciens honorés par les statues du toit, les nazis se trompèrent d'effigie et ôtèrent la statue de Richard Wagner *(p. 36)*. *Náměstí Jana Palacha • plan K2.*

9 Stavovské divadlo

Le théâtre des États fut la première scène proposant des spectacles en langue tchèque dans une ville alors dominée par les germanophones. Les productions laissent parfois à désirer, mais on ne peut manquer une représentation du *Don Giovanni* de Mozart dans la salle où eut lieu sa première. *Ovocný trh 6 • plan M4.*

10 Národní divadlo marionet

Outre son tribut aux Beatles, et une délicieuse version de *Don Giovanni (p. 54)*, le Théâtre national de marionnettes présente de merveilleux spectacles pour enfants. Attention ! Les textes sont en tchèque. *Žatecká 1 • plan L3.*

Églises accueillant des concerts

1 Cathédrale Saint-Guy
La nef majestueuse offre un cadre spectaculaire à des concerts de musique classique *(p. 12-13)*.

2 Couvent Sainte-Agnès
Une programmation régulière tire parti du décor médiéval *(p. 28-29)*.

3 Église Saint-Nicolas
Deux concerts de musique de chambre y ont lieu chaque jour *(p. 15)*.

4 Église Saint-Nicolas
La musique sacrée prend toute son ampleur dans ce sanctuaire baroque de Malá Strana *(p. 82)*.

5 Église Saint-Jacques
Ce lieu de culte toujours actif propose des récitals d'orgue *(p. 74)*.

6 Chapelle des Glaces
De petites formations classiques permettent de découvrir ce joyau baroque du Clementinum *(p. 74)*.

7 St-Martin-dans-le-Mur
Cette église était jadis incorporée aux fortifications de la Vieille Ville. *Martínská • plan L6.*

8 Synagogue espagnole
Les concerts de musique sacrée mettent à l'honneur un orgue datant de 1880 *(p. 101)*.

9 Basilique St-Georges
Chorale et orchestre de cordes interprètent de grandes œuvres de compositeurs comme Mozart et Beethoven *(p. 9)*.

10 Église Saints-Simon-et-Jude
Des musiciens de l'Orchestre symphonique de Prague se produisent dans ce sanctuaire baroque d'origine gothique. *U milosrdných • plan F2.*

Gauche **Radost** Droite **Roxy**

Vie nocturne

1 Radost

La discothèque la plus chic de Prague organise des soirées si hédonistes qu'elles semblent repousser les limites de l'interdit. Le hip hop, le funk et la disco dominent sur la piste de danse. Le café végétarien, à l'étage, reste ouvert jusqu'à 4 h. Au déjeuner et au dîner, il est parfois très difficile de trouver une place *(p. 111)*.

2 Roxy

Cet ancien cinéma, où la fête se poursuit jusqu'au matin au grand dam des voisins, est devenu un temple pour les adeptes locaux de jungle et de dub. Le lieu accueille des groupes comme Asian Dub Foundation, et programme de temps en temps du théâtre expérimental. Une partie des bénéfices finance la Linhartova nadace, une association de promotion de l'art contemporain. Un site Internet, www.roxy.cz, permet de s'informer du programme. *Dlouhá 33 • plan M2.*

3 Palác Akropolis

Des artistes comme Ani Difranco, Apollo 440 et Transglobal Underground se produisent à l'Akropolis, cœur de la scène indie et world de Prague. Le rez-de-chaussée abrite un café et un restaurant, tandis que les meilleurs DJ de la capitale tchèque officient au Divadelní, un petit bar enfumé. Le lieu se tient également à la pointe de la musique tsigane contemporaine. Si l'occasion se présente, ne manquez pas Alom, ou Věra Bílá et Kale. *Kubelíkova 33, Žižkov • plan B6.*

4 Industry 55

Le droit d'entrée exigé par cette nouvelle boîte de nuit de Vinohrady ne rebute pas une clientèle jeune, élégante et énergique, d'autant qu'il est moins élevé qu'en centre-ville. Lors des soirées à thème, des DJ prometteurs enchaînent fiévreusement des morceaux de house music. *Vinohradská 40, Vinohrady • plan B6.*

Palác Akropolis

5 Guru

Presque toutes les nuits dans le club le plus récent de Žižkov, des « keums » en survêtement à capuche dansent sur du dub et du reggae, où se regroupent autour de cigarettes de cannabis. Le Guru

Le Radost possède un site Web : www.radostfx.cz.

Industry 55

est l'endroit où découvrir le hip hop local. Il est aussi très enfumé ; vous devrez laver vos vêtements en sortant.
Rokycanova 29, Žižkov • plan B6.

6 Mecca

Cette ancienne usine du quartier d'entrepôts d'Holešovice a été transformée en un gigantesque complexe associant restaurant et boîte de nuit. Une clientèle branchée y mange des plats de nouvelle cuisine, avant de participer à de merveilleuses soirées. Depuis le centre, il vous faudra prendre un taxi, mais vous ne regretterez pas le déplacement. Le restaurant sert jusqu'à 2 h.
U Průhonu 3, Holešovice • plan B5.

7 Jo's Garáž

Dans ce haut lieu, depuis les années 1980, de la communauté anglo-saxonne de Prague, des jeunes gens à cheveux longs se pressent sur la petite piste de danse aménagée en sous-sol. Le restaurant sert une cuisine Tex-Mex acceptable.
Malostranské náměstí 7 • plan C2.

8 U Malého Glena

La cave doit être le plus petit club de jazz de Prague, mais la programmation éclectique, de blues entre autres, est de haut niveau. Le week-end, un café sert des plats et un brunch à prix raisonnables.
Karmelitská 23 • plan C3.

9 Rock Café

Les groupes de reprises dits « revival » abondent à Prague. Beaucoup se produisent ici lors d'hommages à toutes sortes de têtes d'affiche, de Jimi Hendrix à Sade. L'établissement comprend aussi plusieurs bars, un café Internet et une salle de projection où regarder des enregistrements de concerts de rock. *Národní 20 • plan L6.*

10 Lucerna

Dans un passage du début du XXe s. bordant la place Venceslas, ce bar musical programme surtout des groupes locaux de pop-rock, mais il accueille aussi, de temps en temps, de grands noms du jazz comme Maceo Parker, ainsi que d'anciennes vedettes internationales. Sa nuit années 1980 est l'une des soirées à thème les plus appréciées en ville. Le passage renferme aussi la Velký sál (« grande salle ») où jouent des musiciens à l'audience plus large comme Wynton Marsalis.
Vodičkova 36 • plan F4.

Peinture murale, Guru

Gauche **Festival international du film de Karlovy Vary** Droite **Printemps de Prague**

Événements culturels

1 Printemps de Prague

Má vlast (Ma patrie) de Bedřich Smetana inaugure le 12 mai ce festival international de musique qui attire des interprètes et des amateurs de musique classique du monde entier. Il s'achève le 1er juin par la *Neuvième Symphonie* de Beethoven. *12 mai-1er juin.*

2 Automne de Prague

Ce contrepoint du Printemps de Prague existe depuis 1991. Certains concerts ont lieu à Karlovy Vary. Le festival commence chaque année par une œuvre symphonique et lyrique comme la *Missa Solemnis* de Beethoven ou le *Requiem* de Dvořák. *Sept.*

3 Festival international du film de Karlovy Vary

Le public qui vient assister à des centaines de projections, et des fêtes où les vedettes sont plus « approchables » qu'à Cannes ou à Berlin, mettent sens dessus dessous une paisible ville thermale de l'ouest de la Bohême. *Juil.*

4 Fête du travail

La colline de Petřín *(p. 32-33)* accueille des jeunes couples qui viennent passer la nuit à profiter des joies de la nature. Pendant qu'ils récupèrent, les parents savourent le fait d'être libérés des manifestations obligatoires de l'ère communiste. *1er mai.*

Festival de théâtre de rue

5 Festival de théâtre de rue

L'équipe créative du théâtre Alfred ve Dvoře investit le centre-ville. Des spectacles à la fois comiques et macabres offrent un bon reflet de l'esprit de Prague. *Sept.*

6 Tanec Praha

Ce festival international de danse est sur le point de devenir un événement majeur. Il a beaucoup apporté à la production locale, et on peut aujourd'hui assister toute l'année à des créations contemporaines dans la capitale tchèque. *Juin.*

7 Steeplechase de Pardubice

Organisé depuis 1874, ce steeplechase exigeant, avec 39 obstacles et une longueur de 4 km, se tient dans une ville de la Bohême orientale. *Oct.*

8 Le Monde du livre Salman Rushdie, Susan Sontag et Elie Wiesel comptent parmi les écrivains de réputation internationale ayant été invités à cette manifestation annuelle. Les organisateurs se voient souvent reprocher de ne pas accorder une place suffisante aux auteurs locaux. Ⓢ *Avr.*

9 Masopust Les appétits et les couteaux s'aiguisent à l'approche de Mardi gras et la fébrilité gagne le monde porcin de la République tchèque. Les orgies de bière et de cochonnaille sont plus fréquentes dans les villages qu'en zone urbaine, mais le quartier ouvrier de Žižkov *(p. 116)* organise chaque année une grande fête. Ⓢ *Mardi gras.*

10 Mikuláš, Vánoce, Silvestr En décembre, le vin chaud commence à couler à la Saint-Nicolas et il ne s'arrête qu'une fois dévorée la carpe de Noël et épuisés les feux d'artifice du Nouvel An *(Silvestr)*. Ⓢ *Déc.*

Noël, place de la Vieille-Ville

Jours fériés

1 Nouvel An Le calme règne au lendemain du réveillon de la Saint-Sylvestre. Ⓢ *1er janv.*

2 Lundi de Pâques L'épouse réplique avec des œufs aux coups (retenus) de baguette de saule de son mari. Ⓢ *Mars-avr.*

3 Fête du Travail Les âmes romantiques fleurissent la statue de Karel Hynech Macha sur la colline de Petřín. Ⓢ *1er mai.*

4 Jour de la Libération du fascisme Cérémonies à la mémoire des victimes des nazis. Ⓢ *8 mai.*

5 Fête des saints Cyrille et Méthode Un jour férié rend hommage aux deux missionnaires grecs *(p. 39)*. Ⓢ *5 juil.*

6 Anniversaire du martyre de Jan Hus Dépôt de fleurs au monument de la place de la Vieille-Ville *(p. 15)*. Ⓢ *6 juil.*

7 Anniversaire de l'État tchèque Cet anniversaire a pour date la Saint-Venceslas. Ⓢ *28 sept.*

8 Fête de l'Indépendance La proclamation de l'indépendance de la Tchécoslovaquie eu lieu en 1918. Ⓢ *28 oct.*

9 Anniversaire de la bataille pour la liberté et la démocratie Des bougies et des fleurs commémorent la révolution de Velours de 1989. Ⓢ *17 nov.*

10 Noël Pour les fêtes, les rues s'emplissent de vendeurs de vin chaud et de carpes, plat de résistance du repas traditionnel. Ⓢ *24-26 déc.*

VISITER PRAGUE

Gauche **Enseigne, Celetná** Centre **U Rotta, place de la Vieille-Ville** Droite **Horloge astronomique**

Vieille Ville

Le cœur de la cité bourgeoise qui se développa en face du château, sur la rive droite de la Vltava, a conservé pour une grande part son tracé médiéval avec son entrelacs de ruelles sinueuses. Le quartier acquit au XIIIe s. ses privilèges municipaux, et la construction de son hôtel de ville commença en 1338. La Vieille Ville (Staré Město) présente aujourd'hui un visage d'une étonnante variété, allant de maisons d'origine romane au style « brutaliste » du grand magasin Kotva. Ses cafés, ses restaurants, ses clubs et ses théâtres en font l'un des pôles de la vie nocturne de la capitale tchèque.

TOP 10 Les sites

1. **Place de la Vieille-Ville**
2. **Maison municipale**
3. **Tour poudrière**
4. **Celetná**
5. **Église Saint-Jacques**
6. **Ungelt**
7. **Clementinum**
8. **Karlova**
9. **Maison des seigneurs de Kunštát et de Poděbrady**
10. **Place de Bethléem**

Mosaïque, maison municipale

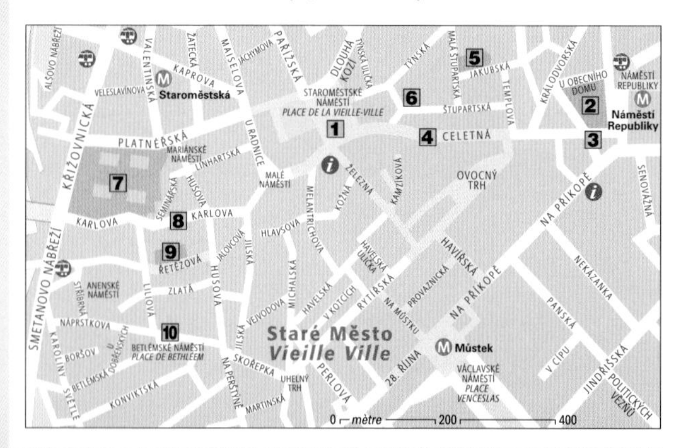

1 Place de la Vieille-Ville

Les maisons et les édifices publics qui entourent Staroměstské náměstí offrent un raccourci de l'histoire de Prague. La place elle-même, l'une des plus belles du monde, joua un rôle de premier plan, car elle fut un lieu d'exécutions publiques et de capitulations politiques. Les artistes de rue distrayant les Tchèques et les étrangers assis aux terrasses des cafés y créent aujourd'hui une animation plus pacifique *(p. 14-17)*.

Place de la Vieille-Ville et église Notre-Dame-de-Týn

2 Maison municipale

Plusieurs artistes majeurs du début du XXe s., dont Alfons Mucha, participèrent à la décoration d'Obecní Dům, le plus beau et le plus grand bâtiment Art nouveau de la ville. Karel Špillar dessina la mosaïque au-dessus de l'entrée principale, intitulée *Hommage à Prague*. Le cœur de l'édifice est la salle Smetana éclairée par une verrière. Elle prête son cadre somptueux à des concerts, des bals et des défilés de mode. La Maison municipale renferme aussi des salles d'exposition, des boutiques, des cafés et des restaurants. L'indépendance de la Tchécoslovaquie y fut officiellement proclamée en 1918. *Náměstí Republiky 5 • plan P3 • 222 002121 • ouv. t.l.j. 10h-18h • EP.*

Tour poudrière

3 Tour poudrière

Cette tour décorative dont le roi Vladislav II posa la première pierre en 1475 sur le site d'une porte des anciens remparts prit son nom au XVIIe s., où elle devint un dépôt de poudre. Gravement endommagée pendant l'occupation prussienne de 1757, elle doit sa façade néo-gothique actuelle, et ses sculptures, à une reconstruction effectuée en 1876.

Náměstí Republiky • plan P4 • ouv. avr.-oct. : t.l.j. 10h-18h • EP.

Portes de la ville

Prague commença à s'entourer de remparts au XIIIe s. pour se protéger d'incursions tartares. Quand l'évolution des techniques militaires ôta leur efficacité défensive aux murs et aux fossés, les habitants de la ville transformèrent leurs larges fortifications en espaces verts équipés de bancs et de lampadaires, et abritant des cafés. Ils gardèrent toutefois l'habitude de fermer les portes de la cité pendant la nuit jusqu'à une date avancée du XIXe s.

4 Celetná

Cette rue très fréquentée qui rejoint la place de la Vieille-Ville suit le tracé de l'ancienne route médiévale entre la ville minière de Kutná Hora et le château de Prague. *Plan N4.*

5 Église Saint-Jacques

Surtout connu pour le bras momifié accroché au mur près de l'entrée *(p. 52)*, ce sanctuaire d'origine gothique fut remanié dans le style baroque après un incendie survenu en 1659.

Pietà, église Saint-Jacques

Plaque, Clementinum

Il possède un intérieur richement décoré. Une excellente acoustique et un orgue de grande facture lui valent d'accueillir de nombreux concerts *(p. 65)*. *Malá Štupartská • plan N3 • ouv. lun.-ven. 9h-13h et 14h30-16h ; sam. 9h30-12h30 et 14h-16h ; dim. 14h-16h • AH • EG.*

6 Ungelt

Également connu sous le nom de cour de Týn, le cœur du quartier réservé aux marchands étrangers au Moyen Âge conserve de belles maisons Renaissance et baroques. Elles furent entièrement rénovées au début des années 1990. C'est aujourd'hui l'un des pôles commerçants les plus agréables du centre. *Plan M3.*

7 Clementinum

Cet ancien collège jésuite abrite aujourd'hui la Bibliothèque nationale, dont la splendide salle baroque, ornée de fresques de 1727. L'astronome Johannes Kepler *(p. 35)* travailla dans la tour de l'observatoire.
Křížovnické náměstí 4, Mariánské náměstí 5 et Seminářská 1• plan K4 • 221 663111 • bibliothèque : ouv. lun.-ven. 9h-19h, sam. 8h-19h • AH.

8 Karlova

La rue étroite et sinueuse jadis empruntée entre la place de la Vieille-Ville et le pont Charles par la procession marquant le couronnement d'un nouveau souverain abrite de nombreux cafés, commerces et immeubles anciens. *Plan K4.*

9 Maison des seigneurs de Kunštát et de Poděbrady

Une exposition rappelle que George de Poděbrady vécut ici avant son élection au trône de Bohême en 1458. Les caves romanes se trouvaient en rez-de-chaussée avant que des crues de la Vltava imposent de remonter le niveau du sol. *Řetězová 3 • plan K5 • ouv. mar.-dim. 10h-18h • EP.*

10 Place de Bethléem

Le réformateur religieux Jan Hus *(p. 35)* prêcha de 1402 à 1413 dans la sobre chapelle qui a donné son nom à la place. Il ne restait que des pans de mur de l'édifice d'origine (1394), lors de sa reconstruction en 1948. *Plan K5 • chapelle ouv. avr.-oct. : mar.-dim. 9h-18h ; nov.-mars : mar.-dim. 9h-17h • EP.*

Chapelle de Bethléem, place de Bethléem

Une journée dans la Vieille Ville

Matin

Après un petit déjeuner au café de la **Maison municipale** *(p. 73)*, suivez une visite guidée du bâtiment, puis grimpez au sommet de la **tour poudrière** voisine *(p. 73)* pour admirer la vue.

Descendez **Celetná**, en empruntant le passage couvert jusqu'à Štupartská et l'église Saint-Jacques. S'il vous reste 45 mn avant l'heure juste, visitez l'**hôtel de ville de la Vieille Ville** afin de voir depuis les coulisses les apôtres de l'horloge entrer en action *(p. 16-17)*. Sinon, faites du shopping dans l'**Ungelt** jusqu'au moment d'assister au spectacle de l'extérieur.

Au déjeuner, revenez au **Radegast** *(p. 79)* pour une assiette de leur fameux goulasch.

Après-midi

Promenez-vous sur la **place de la Vieille-Ville** *(p. 14-15)* avant de prendre **Karlova** pour flâner entre ses bâtiments anciens en rejoignant la **place de Bethléem**. Après avoir visité la chapelle, retournez sur Karlova pour rejoindre le **Clementinum**.

Si vous commencez à vous sentir un peu fatigué, mieux vaut peut-être réserver cet édifice pour plus tard et vous reposer au Café Montmartre *(p. 78)*. Si vous avez prévu d'aller au théâtre ou au concert, le lever de rideau a lieu vers 19h30. Vous préférerez sans doute dîner tranquillement après le spectacle.

Gauche **Blue** Droite **Dr Stuart's Botanicus**

TOP 10 Boutiques

1 Blue
Blue se distingue par la gaieté et l'originalité de sa verrerie moderne, mais vend aussi des souvenirs plus classiques comme des T-shirts *(p. 57)*. *Malé náměstí 14 • plan L4.*

2 Moser
Cette marque réputée de verre peint et ciselé existe depuis 1857. Même si vous n'avez pas l'intention d'acheter, le magasin d'exposition mérite une visite. *Malé náměstí 11 • plan L4.*

3 Boutique de cadeaux de l'université Charles
Vous cherchez un cadeau intelligent à rapporter à de jeunes gens ? Pourquoi pas un pull de l'université de Prague ? En cas de coup de froid, vous en voudrez peut-être un pour vous aussi. *Celetná 24 • plan M3.*

4 Librairie Franz Kafka
Vous trouverez ici des traductions d'œuvres tchèques, de beaux livres et les catalogues d'expositions organisées à la Maison municipale voisine. *Staroměstské náměstí 12 • plan M3.*

5 U rytíře Kryštofa
Existe-t-il un autre endroit à part Prague qui abrite un dépôt aussi étrange d'objets tels que haches de bataille, sabres, masses d'armes et plastrons, pour ne rien dire des ceintures de chasteté ? *Kožná 8 • plan M4.*

6 Dr Stuart's Botanicus
Cette chaîne vend des produits diététiques et de beauté garantis 100 % naturels. Elle organise des visites guidées du « village historique », situé à l'est de Prague, où ils sont fabriqués *(p. 56)*. *Týn 3 • plan M3.*

7 Antikvariát U Karlova Mostu
Cette boutique d'antiquités a pour spécialités des livres, des manuscrits et des gravures qui donnent l'impression que l'astronome Johannes Kepler aurait pu les consulter quand il vivait à côté, au XVIIe s. *Karlova 2 • plan L4.*

8 Czech Folk Crafts
Les enfants que vous connaissez n'apprécient plus les jouets en bois et les poupées en spathes de maïs mais ces derniers plairont sûrement à des adultes. *Karlova 26 • plan L4.*

9 Schoeblingova lékárna
Si vous avez la migraine lors de votre séjour, vous aurez une bonne raison de visiter cette pharmacie d'un autre siècle. Elle est fermée le week-end. *Malé náměstí 13 • plan L4.*

10 Regena Crystal
Vous pouvez essayer de souffler du verre ici, ou simplement observer des professionnels en action. La boutique offre un choix étendu et de qualité. *Jilská 9 • plan L5.*

Gauche **Zoo Bar** Droite **Jazz Club Železná**

Top 10 Vie nocturne

1 La Fabrique

Cet élégant bar à cocktails et club de musique se distingue par la richesse de sa carte et une impressionnante sélection internationale de vins. Il reste méconnu et vous n'aurez pas de difficulté à obtenir une table. *Uhelný trh 2 • plan L5.*

2 Karlovy lázně

Bruce Willis appréciait l'endroit lorsqu'il séjournait à Prague. D'anciens bains municipaux abritent des pistes de danse sur quatre niveaux, et la musique va du rock classique à la techno. Le week-end, à l'entrée, des queues de jeunes gens se forment le long de la rivière. *Novotného lávka • plan J5.*

3 Roxy

La boîte de nuit la plus excitante de la Vieille Ville accueille aussi des groupes, du théâtre expérimental et des expositions. *Dlouhá 33 • plan M3.*

4 Zoo Bar

Tout le monde se connaît dans cette cave gothique fréquentée par la communauté anglo-saxonne de Prague. *Jilská 18 • plan L5.*

5 Tom Tom Club

Le Tom Tom Club sert de bons cocktails et de la bière dans un cadre méditerranéen décontracté. Il suffit de traverser la rue pour aller danser au Roxy. *Dlouhá 46 • plan M3.*

6 Damuza

Il devient de plus en plus difficile de trouver à Prague des établissements populaires et bon marché. Les étudiants s'y donnent rendez-vous pour boire du café turc, servi dans des verres. *Řetězová 6 • plan K5.*

7 Keltic

Ce restaurant et bar accueillant propose de la musique irlandaise le mardi et le jeudi. *Betlémské náměstí • plan K5.*

8 Friends

Le meilleur bar à cocktails gay de la capitale tchèque a une clientèle fidèle d'hommes moins intéressés par la drague que par le fait de se retrouver entre personnes ayant des préoccupations communes. Le propriétaire, Michael, saura vous diriger. *Náprstkova 1 • plan K5.*

9 Jazz Club Železná

Certains des jazzmen les plus pointus en ville jouent dans ce club intime. L'atmosphère y est agréable même les soirs sans invités. Le service à table est parfois un peu désinvolte. *Železná 16 • plan M3.*

10 Jazz Club U Staré paní

De l'extérieur, ce club de jazz ne paie pas de mine mais il programme les meilleurs artistes locaux et fait régulièrement salle comble malgré un prix d'entrée relativement élevé pour le pays. *Michalská 9 • plan L5.*

Gauche **Café Obecní dům** Droite **Café de Paris**

TOP 10 Cafés

1 Café Obecní dům

Le café de la Maison municipale offre un somptueux cadre Art nouveau pour prendre un petit déjeuner, un repas léger, ou un thé et une pâtisserie sur fond de musique douce au piano à queue. *Náměstí Republiky 5 • plan P3.*

2 Café de Paris

Même si vous n'avez pas réservé une chambre à l'Hotel Paříž, ne vous privez pas du luxe offert par son café au décor Jugendstil et au service impeccable. *Hotel Paříž, U Obecního domu 1 • plan P3.*

3 Juice House

Comme son nom l'indique, cet établissement vend un large choix de jus de fruits et de légumes. Les prix baissent pour les « happy hours » et des DJ officient le week-end. *Na Příkopě 3 • plan N5.*

4 Ebel Coffee House

Vous ne trouverez pas de meilleur café à Prague. De plus, la cour de l'Ungelt, à quelques pas de la place de la Vieille-Ville, est le lieu idéal pour rédiger des cartes postales ou planifier son après-midi. *Týn 2 • plan M3.*

5 Týnská Literární kavárna

Ce « café littéraire » est très bruyant, mais la paix règne dans sa cour intérieure, un endroit merveilleux où boire une bière un soir d'été. *Týnská 6 • plan M3.*

6 Café U Týna

D'un excellent rapport qualité-prix comparé à nombre de ses voisins, ce café possède en plus un personnel agréable. *Staroměstské náměstí 15 • plan M3.*

7 Café Milena

La salle du premier étage est l'endroit le plus sophistiqué de Prague pour surveiller l'horloge astronomique de l'hôtel de ville de la Vieille Ville. *Staroměstské náměstí 22 • plan M3.*

8 Café Montmartre

Prague découvrit le tango ici, et les salles du fond accueillaient des spectacles de cabaret pendant la Première République. *Řetězová 7 • plan K5.*

9 Café Konvikt

Le siège de la police secrète communiste se trouvait de l'autre côté de la rue ; le nom du café rappelle l'histoire. *Bartolomějská 11 • plan K6.*

10 Slavia

Aucun autre café n'offre cette vue du château de Prague et du pont Charles. *Smetanovo nábřeží 2 • plan J5.*

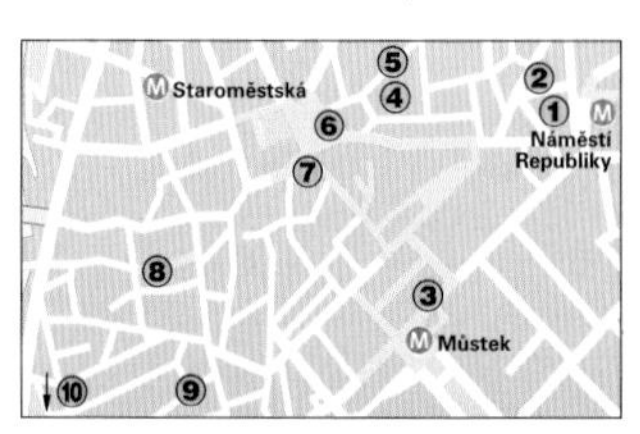

Ci-dessus **La Provence**

Catégories de prix		
Pour un repas avec entrée, plat, dessert et demi-bouteille de vin (ou repas équivalent), taxes et service compris.	**K**	moins de 300 Kč
	KK	300 Kč-500 Kč
	KKK	500 Kč-700 Kč
	KKKK	700 Kč-1 000 Kč
	KKKKK	plus de 1 000 Kč

TOP 10 Restaurants

1 Sarah Bernhardt

Bohumil Hrabal *(p. 45)* vanta l'hôtel dans son roman *Moi qui ai servi le roi d'Angleterre.* Une clientèle chic déguste ici des mets français dans un décor Art nouveau inspiré par Alfons Mucha. *Hotel Paříž, U Obecního domu 1 • plan P3 • 222 2195900 •* **KKK.**

2 Radegast

Voici une des dernières tavernes pragoises authentiques : presque miteuse et débitant quasiment sans interruption pintes de bière et goulasch. *Templová 2 • plan M3 • pas de téléphone •* **K.**

3 La Provence

Cet agréable restaurant français aux tarifs modérés occupe une cave sous le Banana Café, un bar à tapas dont les gogo danseurs et les spectacles de travestis attirent une clientèle turbulente. *Štupartská 9 • plan M3 • 222 324801 •* **KKK.**

4 Kogo

D'excellents plats italiens à prix remarquablement bas, et un service soigné, valent au Kogo une importante clientèle locale. Mieux vaut réserver. *Havelská 27 • plan M5 • 224 214543 •* **KK.**

5 James Joyce

Ce bar irlandais au personnel hospitalier ne manque bien entendu pas à la tradition du rôti dominical. *Liliova 10 • plan K5 • 224 248793 •* **KK.**

6 Bellevue

Une vue splendide du château ajoute au plaisir offert par des mets européens. *Smetanovo nábřezí 18 • plan J5 • 222 221443 •* **KKKK.**

7 Klub architektů

Sous des voûtes médiévales, la jeunesse pragoise reste ici fidèle à des spécialités comme les lanières de bœuf à la crème aigre et aux pommes. *Betlémské náměstí 5a • plan K5 • 224 401214 •* **KK.**

8 Náprstek

La cuisine française du Náprstek est de qualité sans être ruineuse. *Náprstkova 8 • plan K5 • 222 221019 •* **KKK.**

9 Red Fish

L'élégant « Poisson rouge » sert des sushis et autres mets japonais en rations copieuses et à prix modérés. *Betlémská 9 • plan K5 • 222 220716 •* **KKK.**

10 Safir Grill

La carte propose un large choix de spécialités du Moyen-Orient. *Havelská 12 • plan M5 • 224 221143 • pas de cartes de paiement •* **K.**

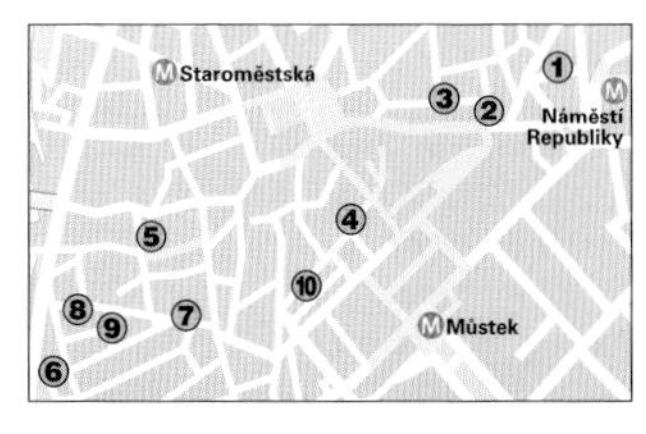

***Remarque** : sauf indication contraire, tous les restaurants acceptent les cartes de paiement et proposent des plats végétariens.*

Gauche **Maison « Aux Deux Soleils », Nerudova** Droite **Le château vu de la colline de Petřín**

Malá Strana

Fondé par Otakar II en 1257, le faubourg du Petit Côté portait à l'origine le nom de « Petite Ville ». Il acquit ses privilèges municipaux en 1338, et Charles IV l'entoura de fortifications dont subsiste aujourd'hui le mur de la Faim (p. 33). *Ravagée par deux incendies, en 1419 et 1541, la commune autonome prit un visage Renaissance après le second, puis se para d'édifices baroques aux* XVIIe *et* XVIIIe *s. Après son rattachement aux villes pragoises en 1784, Malá Strana connut une longue période de déclin. Le quartier est aujourd'hui en pleine restauration.*

Čertovka, Kampa Island

TOP 10 Les sites

1. **Pont Charles**
2. **Colline de Petřín**
3. **Nerudova**
4. **Mur de John Lennon**
5. **Malostranské náměstí**
6. **Église Saint-Nicolas**
7. **Île Kampa**
8. **Maltézské náměstí**
9. **Église Notre-Dame-de-la-Victoire**
10. **Vojanovy sady**

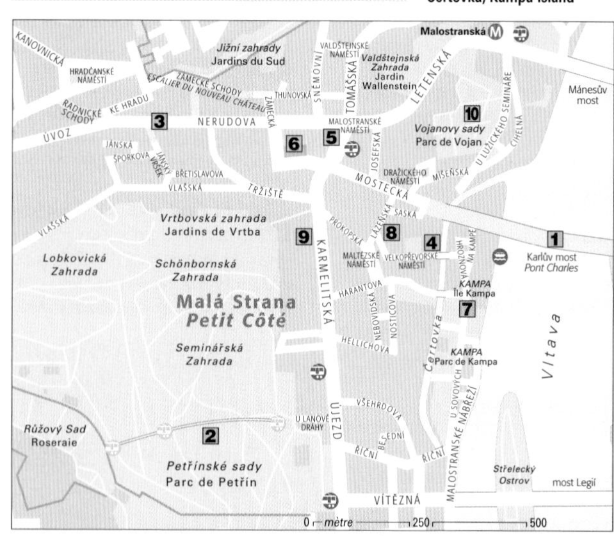

Le pont Charles au coucher du soleil

1 Pont Charles

Édifié sur la Vltava par Petr Parler à partir de 1357, le célèbre ouvrage d'art gothique est devenu un emblème de la capitale tchèque. Des dizaines de statues, principalement baroques, le décorent *(p. 18-19)*.

2 Colline de Petřín

Le vaste espace vert aménagé sur la colline dominant Malá Strana en face du château offre un espace aéré qui permet d'échapper à la foule qui emplit les rues étroites de Prague. Un funiculaire permet d'en atteindre le sommet tout en profitant de la vue *(p. 32-33)*.

Mur de John Lennon d'origine

3 Nerudova

L'écrivain et poète Jan Neruda (1834-1891) habita la maison « Aux Deux Soleils » située au sommet de la rue qui porte aujourd'hui son nom. Jadis empruntée par la procession du couronnement venant de Malostranské náměstí, elle offre une voie d'accès au château de Prague *(p. 8-11)* appréciée des visiteurs et renferme de nombreuses boutiques d'artisanat. Elle abrite également les deux remarquables palais baroques occupés par les ambassades de Roumanie et d'Italie *(p. 86)*, et le plus bel ensemble d'enseignes de la ville *(p. 42-43)*. *Plan C2.*

4 Mur de John Lennon

À un endroit où la police secrète et des hippies de Prague adeptes du graffiti livrèrent une longue partie de cache-cache, la peinture murale exécutée par un étudiant mexicain après l'assassinat de John Lennon a été maintes fois recouverte *(p. 53)*. Le John Lennon Peace Club continue toutefois de se réunir une fois l'an devant le mur pour rendre un hommage à l'ancien Beatles. *Velkopřevorské náměstí • plan D3.*

Le quartier des hédonistes

Malá Strana devint au XVIIIe s. un lieu de résidence apprécié des membres de la noblesse, et leurs demeures baroques servirent de cadre à des fêtes somptueuses. Wolfgang Amadeus Mozart s'y écarta du droit chemin, et Casanova rédigea ses mémoires dans le palais aujourd'hui occupé par l'ambassade de Grande-Bretagne. Les jeunes Pragois se retrouvent sur les placettes pour jouer de la musique et boire.

5 Malostranské náměstí

Contrairement à la place de la Vieille-Ville, la place de Mála Strana n'est pas piétonnière, et une intense circulation ne permet pas d'apprécier avec la même sérénité la beauté de ses immeubles anciens, pour la plupart de style Renaissance ou baroque. La majestueuse église Saint-Nicolas divise la place. Dans la partie haute, où se dresse une colonne érigée en 1715 pour célébrer la fin d'une épidémie de peste, elle fait face à l'imposant palais Liechtenstein de style néo-classique. Dans la partie basse, un café réputé occupe depuis 1874 la maison rococo « À la Table de Pierre », non loin de l'ancien hôtel de ville Renaissance. *Plan C2.*

Église Saint-Nicolas

6 Église Saint-Nicolas

La construction, sur le site d'une église gothique, de ce somptueux monument baroque dura de 1703 à 1755. Il constitue le chef-d'œuvre des maîtres de ce style à Prague : Christoph Dientzenhofer et son fils Kilian Ignaz. De nombreux artistes participèrent à la décoration intérieure, dont Johann Lukas Kracker qui peignit l'immense *Apothéose de saint Nicolas* de la voûte. Remarquez aussi la chaire, œuvre de Richard Georg Prachner. Le clocher ménage un superbe panorama *(p. 39)*.

Malostranské náměstí • plan C2 • t.l.j. 10h-18h • EP.

Malostranské náměsti

7 Île Kampa

Pendant des siècles, l'étroit ruisseau du Diable (Čertovka) qui isole cette île entraîna les roues de moulins, et rinça les lessives des blanchisseuses. Un parc couvre aujourd'hui la pointe sud de Kampa *(p. 40)*. La partie nord renferme des

Île Kampa

bâtiments élégants occupés par des ambassades, des hôtels et des restaurants. Une crue dévastatrice de la Vltava, en 2002, a imposé de nombreuses réparations. ⓢ *Plan D3.*

8 Maltézské náměstí

Le nom de cette place bordée de beaux palais baroques rappelle que les chevaliers de Malte eurent un important prieuré dans Mála Strana. Non loin se dresse l'église Notre-Dame-sous-la-Chaîne, sanctuaire gothique entrepris en 1389 et maintes fois remanié. Un portrait de la Vierge accroché sous des chaînes provenant du pont Judith *(p. 18)* pourrait être à l'origine de son nom. ⓢ *Plan C3.*

9 Église Notre-Dame-de-la-Victoire

La première église baroque élevée à Prague, en 1611, prit son nom actuel après la bataille de la Montagne Blanche *(p. 34)*. Une figurine de cire supposée effectuer des miracles *(p. 38)* y attire de nombreux fidèles.
ⓢ *Karmelitská 9 • plan C3.*

10 Vojanovy sady

Plusieurs beaux jardins aèrent Malá Strana, mais le parc Vojan entouré de murs blancs possède un charme particulier avec ses parterres de tulipes et ses arbres fruitiers *(p. 41)*.
ⓢ *U lužického semináře • plan D2.*

Une journée à Malá Strana

Matin

Plutôt que de rejoindre le Petit Côté depuis la Vieille Ville en franchissant la Vltava par le **pont Charles** *(p. 18-19)*, économisez votre énergie en partant directement du sommet de la colline du château. Rejoignez **Nerudova** *(p. 81)* par l'une des ruelles descendant de Hradčany et laissez la gravité vous entraîner tandis que vous flânez devant les boutiques d'artisanat. Ne vous inquiétez pas du chemin que vous prenez : en suivant la pente, vous arriverez à Malostranské náměstí. Là, accordez-vous au moins une heure pour détailler l'exubérante décoration de l'église Saint-Nicolas.

Déjeunez dans l'un des nombreux cafés bon marché de Malostranské náměstí, ou offrez-vous le **Circle Line** *(p. 89)*.

Après-midi

Tomášská et Valdštejnská vous conduiront au **jardin Wallenstein** *(p. 40)*. Poursuivez votre flânerie au Vojanovy sady, puis restez sur U lužického semináře pour passer sous le pont Charles et atteindre l'île Kampa.

Le Café Belaria (p. 88) invite à une pause, avant de passer devant le mur de John Lennon (p. 81) sur le chemin de l'église Notre-Dame-de-la-Victoire.

Le choix du lieu pour conclure la journée va de l'église Saint-Nicolas, pour un concert, au Jo's Garáž *(p. 67)*.

Pages suivantes : **île Kampa**

HOTEL ČERTOVKA HOTEL

Gauche **Palais Thun-Hohenstein** Centre **Palais Wallenstein** Droite **Palais Shönborn**

TOP 10 Palais

1 Palais Nostitz

Assister à un concert de musique de chambre permet de découvrir l'intérieur de cette demeure princière du XVIIe s. récemment restaurée. *Maltézské náměstí 1 • plan C3.*

2 Palais Thun-Hohenstein

Les aigles des armoiries de la famille Kolowrat décorent le portail de cet impressionnant édifice baroque construit en 1726 par Giovanni Santini-Aichel. Il abrite aujourd'hui l'ambassade d'Italie. *Nerudova 20 • plan C2.*

3 Palais Liechtenstein

Résultat de la réunion, au XVIe s., de plusieurs maisons contiguës, le siège de l'Académie de musique de Prague accueille de nombreux concerts et récitals. *Malostranské náměstí 13 • plan C2.*

4 Palais Morzin

Selon la légende, les deux atlantes maures soutenant le balcon du palais qui leur doit son nom baguenaudent dans le quartier la nuit. L'ambassade de Roumanie occupe désormais le bâtiment. *Nerudova 5 • plan C2.*

5 Palais Wallenstein

La résidence édifiée par le général de la guerre de Trente Ans Albrecht von Wallenstein tenait du monument à sa propre gloire, et des fresques donnent ses traits à Achille et à Mars. *Valdštejnské náměstí 4 • plan D2.*

6 Palais Buquoy

Quelques pas séparent cette demeure baroque du début du XVIIIe s. et le mur de John Lennon. Dans les années 1980, l'ambassadeur de France contribua à sauver le graffiti situé en face de ses bureaux. *Velkopřevorské náměstí 2 • plan D3.*

7 Palais Michna

Cette œuvre de Francesco Caratti inspirée du palais de Versailles renferme le musée de la Culture physique et du Sport. *Újezd 40 • plan C4.*

8 Palais Shönborn

Après avoir perdu une jambe pendant la guerre de Trente Ans, le comte de Colloredo-Mansfeld, qui posséda la demeure au XVIIe s., fit reconstruire l'escalier de manière à pouvoir l'emprunter à cheval. Le premier ambassadeur de Tchécoslovaquie aux États-Unis vendit le palais au gouvernement américain en 1925. *Tržiště 15 • plan C3.*

9 Palais Lobkovic

En 1989, des centaines d'Allemands de l'Est s'ouvrirent une voie vers l'Ouest en escaladant la clôture de l'ambassade de la R.F.A. *Vlašská 19 • plan C3.*

10 Palais Kaunitz

L'ambassade de Serbie et du Montenegro occupe ce joyau rococo rose et jaune. *Mostecká 15 • plan D3.*

Si vous allez à un concert au palais Liechtenstein, sachez que ce dernier possède un homonyme sur l'île Kampa.

Gauche **Faux Pas** Droite **Galerie Bambino di Praga**

Top 10 Boutiques

1 Obchod pod lampou

Cette boutique abrite une large sélection de marionnettes qui feront des cadeaux et des souvenirs typiques, amusants et de bon goût. Le personnel peut vous enseigner, si vous le souhaitez, les bases des techniques de manipulation. *U lužického semináře 5 • plan D2.*

2 Turkish Tea Room

C'est le meilleur endroit, à Prague, pour boire du thé ou du café en écoutant de la musique turque. *Úvoz 1 • plan B2.*

3 U bílého jablka

Si vous n'arrivez pas à vous résoudre à l'idée de quitter Prague, emportez-la avec vous sous forme de miniatures en céramique de maisons et de monuments caractéristiques. *Úvoz 1 • plan B2.*

4 Galerie Boema

Les pièces de musée et les éléments architecturaux reproduits par Boema vont de la verrerie ancienne aux gargouilles de la cathédrale Saint-Guy. *Nerudova 49 • plan C2.*

5 American Heating

À quelques pas du palais Shönborn abritant l'ambassade des États-Unis, ce magasin a pour spécialité la restauration et la vente de poêles anciens. Vous pourrez ainsi retrouver l'odeur de charbon qui flotte à Mála Strana en hiver. *Jánský vrýek 1 • plan C3.*

6 Mýrnyx Týrnyx

L'accueillante propriétaire, Maya Květný, propose une sélection rafraîchissante de créations de stylistes tchèques. Elle vous indiquera les boîtes de nuit en vogue du moment où aller arborer vos nouveaux atours. *Saská • plan D3.*

7 Kvetinářstvi u Červéneho lva

Une véritable jungle semble déborder du petit « magasin de fleurs au Lion Rouge ». *Saská • plan D3.*

8 Faux Pas

Les vêtements vendus ici s'adressent plutôt aux noctambules. La boutique organise d'ailleurs souvent des défilés de mode dans des boîtes de nuit. *Újezd 26 • plan C4.*

9 Galerie Bambino di Praga

Ce magasin de souvenirs a ouvert en face de Notre-Dame-de-la-Victoire *(p. 83)*. Cette église est célèbre pour sa figurine de cire, richement habillée de tenues fréquemment changées, appelée l'Enfant Jésus de Prague. *Újezd 12 • plan C4.*

10 Candle Gallery

Cette boutique spécialisée dans les bougies propose des modèles classiques en cire d'abeille, mais vous pourrez aussi partir avec une création nécessitant son propre siège dans l'avion. *Újezd 31 • plan C4.*

Gauche **Bohemia Bagel** Droite **Café Belaria**

TOP 10 Cafés

1 Bohemia Bagel

L'enseigne qui fit découvrir les bagels aux Pragois en 1997 reste ouverte tard le soir et propose aussi un choix de sandwichs, de soupes et de desserts. *Újezd 16 • plan C4.*

2 Café Belaria

Ce café de l'île Kampa pratique des prix nettement inférieurs à ceux en usage de l'autre côté du pâté de maisons. *Hroznová 6 • plan D3.*

3 U zeleného čaje

Les sandwichs, les salades et les thés d'importation permettent d'échapper, le temps d'une pause diététique, au régime classique tchèque. *Nerudova 19 • plan C2.*

4 Cafe Čertovka

L'escalier menant au patio de ce café au bord de l'eau est si étroit qu'il a besoin de ses propres feux de circulation. Václav Havel serait venu y boire une bière avec Pink Floyd. *U lužického semináře • plan D2.*

5 Bar Bar

Les salades, crêpes et gaufres conviennent bien à un déjeuner léger. Difficile de trouver une place le soir. *Všehrdova 17 • plan C4.*

6 U Kocoura

On pourrait croire que les piliers de ce bar de Malá Strana servant une bonne pilsner sont habitués aux touristes, mais vous risquez de voir tous les visages se tourner vers vous quand vous entrerez. *Nerudova 2 • plan C2.*

7 Chiméra

Par temps de pluie, les meubles patinés et les lampes à pétrole sur les tables invitent à se réfugier ici pour boire un vin chaud. *Lázeňská 6 • plan D3.*

8 U Maltéze

Des saucisses faites maison accompagnent à merveille la meilleure Budvar de la ville. *Maltézské náměstí 15 • plan C3.*

9 U Zlatého hada

Cette petite cave propose un bon choix de vins importés et locaux. Si la place manque, allez boire votre bouteille dans le parc de la colline de Petřín. *Maltézské náměstí 3 • plan C3.*

10 St Nicholas Café

Le St Nick's est le café de Malá Strana le plus apprécié des Anglo-Saxons amateurs d'absinthe. *Tržiště 10 • plan C3.*

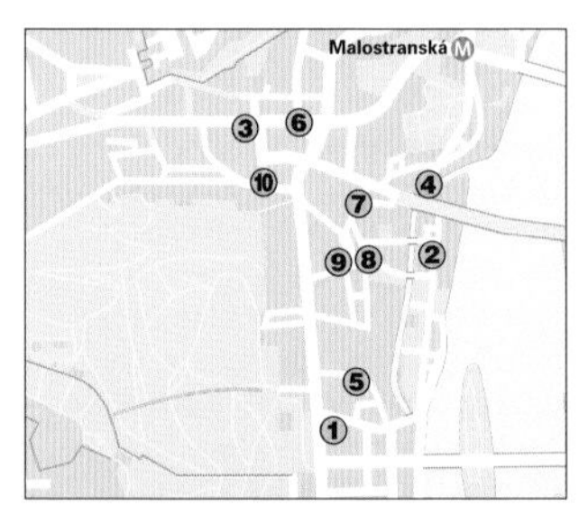

Catégories de prix

Pour un repas avec entrée, plat, dessert et demi-bouteille de vin (ou repas équivalent), taxes et service compris.		
	K	moins de 300 Kč
	KK	300 Kč-500 Kč
	KKK	500 Kč-700 Kč
	KKKK	700 Kč-1 000 Kč
	KKKKK	plus de 1 000 Kč

Ci-dessus **Cantina** .

TOP 10 Restaurants

1 Cantina
Mieux vaut réserver pour déguster les *fajitas* du meilleur restaurant mexicain de Prague. Les audacieux goûteront ceux à la banane. *Újezd 38 • plan C4 • 257 317173 • AH •* **KK.**

2 Palffy Palác
Ce palais baroque délabré sert une cuisine inventive. La terrasse ouverte en été donne vue du château. *Valdštejnská 14 • plan D2 • 5753 1420 •* **KKKK.**

3 Circle Line
De grands crus de Moravie accompagnent des déclinaisons gastronomiques de recettes tchèques. L'établissement, chic, est fréquenté par des hommes d'affaires et des diplomates. *Malostranské náměstí 12 • plan C2 • 257 530021 • AH •* **KKKKK.**

4 U Patrona
Les mets européens et tchèques réjouiront les palais délicats et le balcon dominant le pont Charles ravira les âmes romantiques. *Dražického náměstí 4 • plan D3 • 257 530725 •* **KKKK.**

5 U Maltézských rytířů
Parmi les spécialités locales, essayez le gibier. *Prokopská 10 • plan C3 • 257 533666 • pas de plats végétariens •* **KKKK.**

6 Kampa Park
Des classiques européens et des créations métissées se côtoient sur la carte de ce restaurant très haut de gamme situé au pied du pont Charles *(p. 62)*. *Na Kampě 8b • plan D3 • 257 532685 • AH •* **KKKKK.**

7 Gitanes
Excellentes recettes dalmates, grecques et nord-africaines. *Tržiště 7 • plan C3 • 257 530163 •* **KKK**

8 Chez Moi
Des bougies créent une ambiance chaleureuse dans les salles en sous-sol. Une cour permet de dîner dehors en été *Tomášská 12 • plan C2 • 257 532344 • pas de plats végétariens •* **KKKK.**

9 Malostranská restaurace
Les plats, style pub, sont bons, mais le restaurant est très enfumé. *Karmelitská 25 • plan C3 • 257 531418 • AH •* **K.**

10 El Centro
Les propriétaires ont travaillé en Espagne, d'où ils font venir leurs chefs pour servir une paella authentique. *Maltézské náměstí 9 • plan C3 • 257 533343 • AH •* **K.**

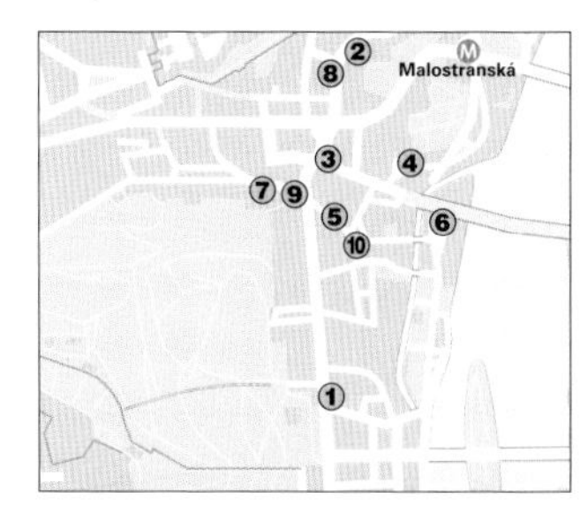

***Remarque** : sauf indication contraire, tous les restaurants acceptent les cartes de paiement et proposent des plats végétariens.*

Gauche **Notre-Dame-de-Lorette** Droite **Belvédère, jardins royaux**

Château de Prague et Hradčany

Fondée au IXe s. par le prince Bořivoj Ier, la citadelle qui domine la ville depuis la longue colline appelée Hradčany devint en 973 le siège d'un évêché, et sa rotonde Saint-Guy prit alors le rang de cathédrale. À partir de 1320, une ville entoura le château. Elle renferma d'abord les logements des domestiques puis, après le terrible incendie de 1541, des palais princiers. Les reconstructions effectuées aux époques de la Renaissance et du baroque lui donnèrent l'essentiel de son aspect actuel. Ces modifications inclurent la démolition de systèmes de défense primitifs pour créer des jardins et des espaces de parade. Après que les Habsbourgs déplacèrent leur capitale à Vienne en 1613, le temps s'écoula sur Hradčany en l'épargnant des ravages de la modernisation. Les monuments et les musées séduiront les amateurs d'art et d'histoire, mais le quartier recèle aussi ruelles et jardins romantiques.

Escalier à Hradčany

TOP 10 Les sites

1. Château de Prague
2. Cathédrale Saint-Guy
3. Notre-Dame-de-Lorette
4. Jardins royaux
5. Escalier du nouveau château
6. Nový Svět
7. Monument aux victimes de tortures policières
8. Escalier du vieux château
9. Hradčanské náměstí
10. Radnické schody

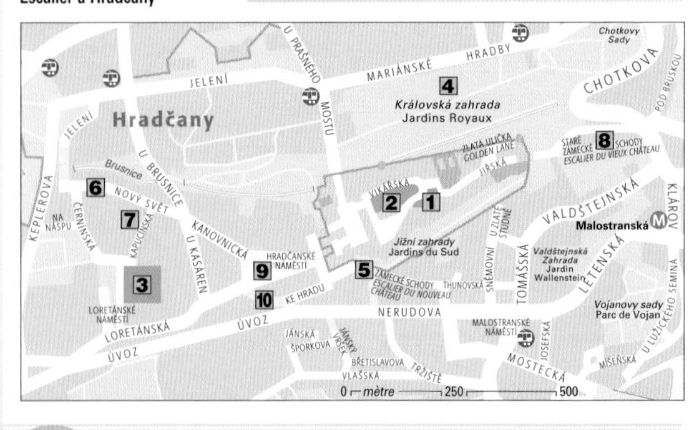

Le château de Prague sous la neige

1 Château de Prague

Symbole de l'État tchèque, la vaste citadelle qui semble veiller sur Prague depuis le sommet de la colline de Hradčany a connu bien des transformations au fil des siècles. Elle juxtapose des éléments romans, gothiques, Renaissance et baroques. Malgré les nombreux visiteurs qui s'y pressent, le château reste aujourd'hui au cœur de la vie politique du pays, car le président de la République y a sa résidence *(p. 8-11)*.

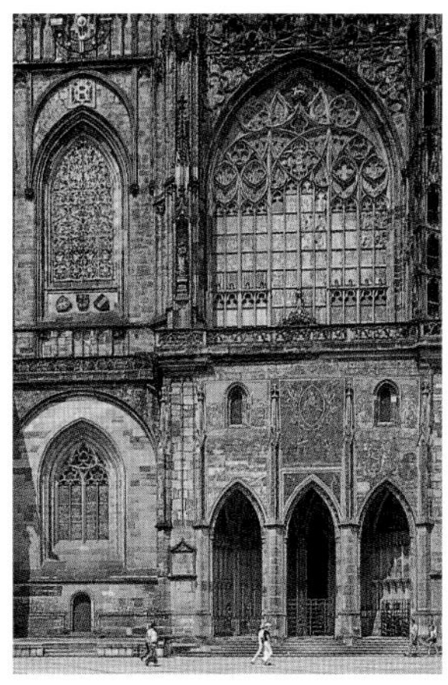

Porte d'Or, cathédrale Saint-Guy

2 Cathédrale Saint-Guy

Cette majestueuse église gothique aux flèches visibles de presque partout à Prague renferme de nombreuses œuvres d'art, des vitraux notamment, et les joyaux de la couronne *(p. 12-13)*.

3 Notre-Dame-de-Lorette

Ce complexe élevé autour d'une reproduction de la Santa Casa, ainsi que son musée, offrent une bonne illustration du rôle dévolu par la Contre-Réforme au culte de la Vierge, et à la somptuosité des rituels, destinée à enrayer la progression du protestantisme *(p. 20-21)*.

4 Jardins royaux

Ce parc à l'anglaise séparé du château par le ravin appelé « fossé aux Cerfs » occupe l'emplacement du jardin où Rodolphe II avait sa ménagerie. Il renferme le gracieux Belvédère qu'entourent des parterres à la française agrémentés par la « fontaine qui chante ». Une faucille et un marteau se sont faufilés dans les sgraffites du Jeu de paume lors de leur restauration après guerre.

U Prašného mostu • plan C1 • ouv. mai-oct. : t.l.j. 10h-18h • AH • EG.

5 Escalier du nouveau château

La voie Royale correspond à l'itinéraire suivi par les processions organisées pour le couronnement des rois de Bohême depuis le sacre de George de Poděbrady, en 1458. Le cortège partait de l'emplacement de l'actuelle Maison municipale *(p. 73)* et passait par la place de la Vieille-Ville, avant de prendre le pont Charles, de traverser Mála Strana et d'atteindre le château par un escalier reconstruit au XVIIIe s. par l'impératrice Marie-Thérèse. Tous les matins à 10 h, un quatuor de cuivres de la garde donne un concert dans le kiosque à musique situé au milieu de cet escalier. *Plan C2.*

Nový Svět

6 Nový Svět

Au pied de Notre-Dame-de-Lorette *(p. 20-21)*, et au départ du fossé aux Cerfs, la rue baptisée « Nouveau Monde » porte un nom qui désignait à l'origine tout un quartier créé pour loger des ouvriers travaillant au château. Construites sur les ruines laissées par l'incendie de 1541, la plupart des maisonnettes visibles aujourd'hui datent du XVIIe s. et gardent beaucoup de cachet avec leurs enseignes traditionnelles. Tycho de Brahe *(p. 35)*, l'astronome de Rodolphe II, habita au n° 1 où il aurait trouvé insupportables les sonneries de cloche des églises voisines. *Plan A2.*

Le fossé aux Cerfs

Quand ce ravin franchi par le pont poudrier piétonnier ne remplissait pas une fonction défensive, les souverains de Prague s'en servaient de réserve de chasse, et le peuplèrent de cerfs. Les lions de Rodolphe II ne parvinrent pas à les décimer, mais ils ne survécurent pas à l'appétit des troupes françaises qui occupèrent Prague en 1743.

7 Monument aux victimes de tortures policières

La police secrète avait un centre d'interrogatoire dans le quartier, et une plaque, au Kapučínská 2, entretient le souvenir de ceux à qui elle tenta d'arracher des dénonciations. *Plan A2.*

8 Escalier du vieux château

L'« entrée de service » du château de Prague suit une pente relativement douce entre la station de métro Malostranská et la porte est de la citadelle.

Escalier du vieux château

Des artisans jalonnent les marches, vendant des souvenirs allant d'aquarelles à des pierres polies. En dessous s'étagent des jardins en terrasses. *Plan D2.*

9 Hradčanské náměstí

Beaucoup de visiteurs pénètrent sur cette place à reculons, l'œil collé au viseur où ils essaient de cadrer les flèches de la cathédrale Saint-Guy. Plusieurs beaux édifices la bordent. Le décor en sgraffites monochrome du palais Schwarzenberg Renaissance contraste avec la façade rococo du palais de l'archevêque qui lui fait face. La colonne de la Peste sculptée en 1726 se dresse devant le palais Toskánský, siège du ministère des Affaires étrangères. *Plan B2.*

10 Radnické schody

L'escalier du tribunal conduit de l'ancienne résidence du maire de Hradčany, devenue l'hôtel Zlatá Hvězda, à l'ancienne cour de justice située au Loretánská 1. Deux statues encadrent le pied des marches. Elles représentent saint Jean Népomucène, à gauche et sans doute saint Christophe, à droite. Un bar, à mi-chemin, permet de faire une étape *(p. 96)*. *Plan B2.*

Hradčanské náměstí

Un jour à Hradčany

Le matin

Organisez-vous pour gravir l'**escalier du nouveau château** à temps pour assister au concert de 10 h. Laissant le château derrière vous, traversez **Hradčanské náměstí**. En passant devant le palais Schwarzenberg, vérifiez si le réaménagement du musée d'Histoire militaire est achevé. Les collections d'armes et d'uniformes méritent une visite. *(Hradčanské náměstí 2 • plan B2 • 220 202020 • t.l.j. • EP.)*

Remontez Loretánská jusqu'à Loretánské náměstí. La place s'étend entre le palais Černín, long de 150 m, et le complexe baroque de **Notre-Dame-de-Lorette** *(p. 20-21)*. Explorez ce dernier avant de déjeuner au **Restaurant U Lorety** *(p. 97)* ouvert à côté.

L'après-midi

Traversez Loretánské náměstí jusqu'au couvent des Capucins, et descendez Černínská jusqu'à **Nový Svět** et ses jolies maisons. Kanovnická vous ramènera à Hradčanské náměstí.

Consacrez le reste de l'après-midi à découvrir le **château de Prague** *(p. 8-11)*, la **cathédrale Saint-Guy** *(p. 12-13)* et les autres bâtiments de l'enceinte fortifiée.

Pour conclure la journée, revenez au n° 1 Loretánské náměstí, où se trouve le bar **U Cerného Vola** *(p. 96)*. Vous pourrez y accompagner votre pinte de bière de spécialités tchèques comme la saucisse marinée.

Pages suivantes : **Prague et la Vltava vues de Hradčany**

Gauche **U Černého vola** Droite **Hospůdka na schodech**

TOP 10 Bars et cafés

1 U Černého vola
Une partie de la recette du bar « Au Bœuf Noir » va à l'école pour aveugles voisine. Les habitués s'emploient à apporter une généreuse contribution. *Loretánské náměstí 1 • plan A2.*

2 Hospůdka na schodech
Plus d'un touriste assoiffé par l'ascension de Radnické schody *(p. 93)* a fait étape avec soulagement à la « Petite Auberge sur les Marches ». Bon marché, elle jouit d'une égale popularité auprès des habitants du quartier. *Radnické schody 5 • plan B2.*

3 Café Poet
Ce havre de paix dans le « jardin sur le Bastion » sert des plats légers. *Zahrada na Baště, château de Prague • plan C1.*

4 Kajetánka
Le toit offre un splendide poste d'observation pour contempler la rue avec un télescope tout en sirotant un café. Le patio renferme de grandes tables où déjeuner et organiser sa visite du château voisin. *Ke Hradu • plan C1.*

5 U Labutí
« Au Cygne » possède une terrasse dominant le haut du fossé aux Cerfs. On y boit de la Pilsner Urquell avec des plats consistants comme l'escalope viennoise et le goulasch. *Hradčanské náměstí 11 • plan B2.*

6 Hostinec Stará radnice
Contre l'ancien hôtel de ville de Hradčany, cette taverne à l'ancienne reste fidèle à la tradition et sert *utopence (p. 58)* et goulasch. Les cloches de l'église Saint-Benoît indiquent à midi le moment de passer à table. *Loretánská 1 • plan B2.*

7 Tosca
Le palais Toskánský dépend du ministère des Affaires étrangères. Il abrite sous son arcade sud un élégant café italien qui fait aussi pizzeria. *Hradčanské náměstí 5 • plan B2.*

8 Cafeteria u Kanovniků
Dans un angle de la place Saint-Georges, derrière la cathédrale Saint-Guy, ce café sert des boissons non alcoolisées, des crèmes glacées et des en-cas variés. *Náměstí Sv. Jiří 3 • plan C1.*

9 Café Gallery
Quand le temps le permet, des cafés installent leurs terrasses dans les venelles menant à la ruelle d'Or. *Zlatá ulička u Daliborky 42 • plan C1.*

10 Black Tower Café
Cet établissement dissimulé sous la tour Noire, à l'extrémité orientale du château de Prague, permet d'échapper à la foule. Vous y savourerez au calme un café et une pâtisserie ou une bière accompagnée d'un sandwich. *Jiřská • plan C2.*

Ci-dessus **Hradčany Restaurant**

Catégories de prix

Pour un repas avec entrée, plat, dessert et demi-bouteille de vin (ou repas équivalent), taxes et service compris.

K	moins de 300 Kč
KK	300 Kč-500 Kč
KKK	500 Kč-700 Kč
KKKK	700 Kč-1 000 Kč
KKKKK	plus de 1 000 Kč

TOP 10 Restaurants

1 Hradčany Restaurant

La table gastronomique de l'Hotel Savoy propose le dimanche, de 12 h à 14 h, un buffet de sushis. *Keplerova 6 • plan A2 • 224 302430* • **KKKKK.**

2 Peklo

Dans une grotte sous le couvent de Strahov, l'« Enfer » a pour spécialité le « sabot de diable farci ». *Strahovské nadvoří 1 • plan A3 • 220 516652* • **KKKKK.**

3 Satay

Les quelques plats préparés par ce petit restaurant de cuisine rapide indonésienne peuvent être adaptés à un régime végétarien. *Pohořelec 3 • plan A3 • 220 514552 • pas de cartes de paiement* • **K.**

4 Malý Buddha

Non fumeur, le « Petit Bouddha » propose un large choix de thés, ainsi que des spécialités vietnamiennes. *Úvoz 46 • plan B2 • 220 513894 • pas de cartes de paiement* • **K.**

5 U ševce Matouše

« Au Cordonnier Matouš », à la salle basse et voûtée, a fait un art de l'association du fromage et du steak. *Loretánské náměstí 4 • plan A2 • 220 514536* • **KKK.**

6 Lví dvůr

La salle à manger sur le toit offre une vue superbe de Saint-Guy ; la taverne sert un très bon cochon de lait. *U Prašného mostu 6 • plan B1 • 224 372361* • **KKKK.**

7 U Zlaté hrušky

Dans la pittoresque rue Nový Svět, « À la Poire d'Or » propose des plats de gibier tchèques et européens. *Nový Svět 3 • plan A2 • 220 514778* • **KKKK.**

8 Restaurant u Lorety

Ce restaurant tchèque simple et fiable permet à midi, depuis sa terrasse, de profiter du carillon de Notre-Dame-de-Lorette. *Loretánské náměstí 8 • plan A2 • 220 517369* • **KK.**

9 Restaurant nad Úvozem

Un escalier particulièrement raide mène à cet établissement sans prétention qui ménage un large panorama de la colline de Petřín et de Malá Strana. *Loretánská 15 • plan B2 • pas de téléphone* • **KK.**

10 Bazaar Méditerranée

Une vue superbe s'ouvre de la terrasse de ce restaurant de spécialités italiennes et méditerranéennes. Il accueille de temps en temps un spectacle de travestis. *Nerudova 40 • plan C2 • 257 535050* • **KKKK.**

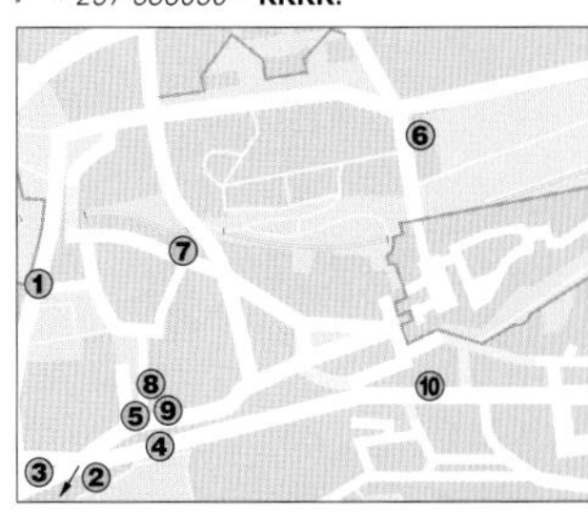

Remarque : sauf indication contraire, tous les restaurants acceptent les cartes de paiement et proposent des plats végétariens.

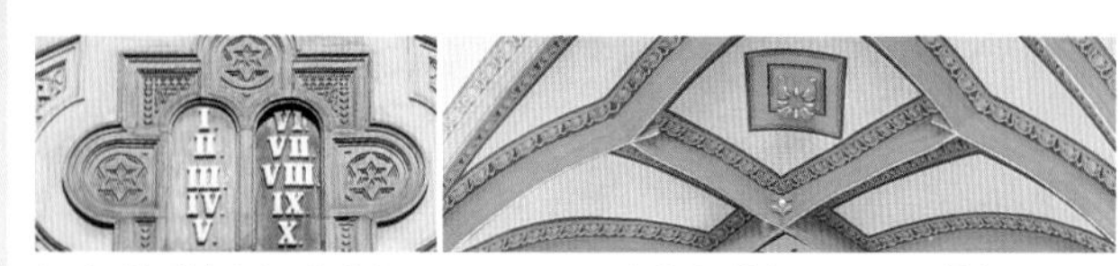

Gauche **Détail de la façade de la synagogue espagnole** Droite **Voûte, synagogue Pinkas**

Josefov

Dater précisément l'arrivée des Juifs à Prague est impossible, mais des sources historiques mentionnent leur présence parmi les habitants chassés de la rive gauche de la Vltava lors de la fondation de Mála Strana au XIIIe s. Pendant les 500 ans suivants, les Juifs de Prague se virent contraints de vivre à l'intérieur d'une enceinte où ils disposaient d'un espace si limité qu'ils durent superposer les tombes dans leur unique cimetière. Le quartier qui s'étend à l'emplacement de ce ghetto prit le nom de l'empereur Joseph II après que celui-ci abolit ces discriminations en 1781. Nombre de ses occupants les plus aisés déménagèrent alors, et Josefov sombra dans l'insalubrité. Les taudis furent rasés à la fin du XIXe s. lors du percement d'élégantes avenues bordées d'immeubles Art nouveau comme Pařížská. Près de 80 000 Juifs de Bohême et de Moravie périrent dans l'Holocauste.

Étui de Torah, synagogue Haute

TOP 10 Les sites

1. **Vieux cimetière juif**
2. **Synagogue Vieille-Nouvelle**
3. **Couvent Sainte-Agnès**
4. **Hôtel de ville juif**
5. **Synagogue Haute**
6. **Synagogue Maisel**
7. **Salle de cérémonie**
8. **Synagogue Klaus**
9. **Synagogue Pinkas**
10. **Synagogue espagnole**

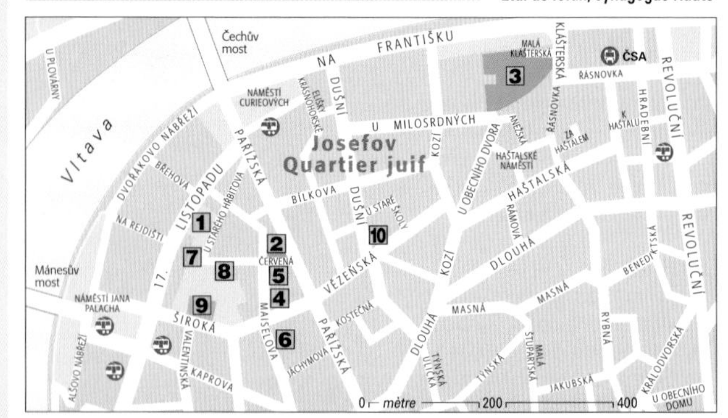

L'inondation de 2002 a touché une grande partie du quartier et les travaux de reconstruction peuvent limiter l'accès à certains sites.

Vieux cimetière juif

1 Vieux cimetière juif

Ce lieu de sépulture abrite la plupart des grands noms du ghetto. Une sensation poignante émane de l'enchevêtrement des stèles plongées dans l'ombre de grands arbres. La surélévation du sol, par rapport au niveau de la rue U Starého hřbitova, rappelle qu'il fallut empiler les morts. Certaines tombes suscitent un respect particulier, telle celle de Rabbi Löw sur laquelle les visiteurs déposent en hommage des petits cailloux et des papiers portant des vœux *(p. 22-23)*.

2 Synagogue Vieille-Nouvelle

Sa construction fut entreprise vers 1270 alors qu'existait déjà, probablement, un sanctuaire plus ancien, ce qui la rendait « nouvelle ». Puis la plus ancienne synagogue d'Europe devint « vieille » au XVIe s. lors de l'édification d'un nouveau temple. Elle reste au centre de la vie religieuse de la communauté juive de la capitale tchèque *(p. 24-25)*.

3 Couvent Sainte-Agnès

Ce charmant monastère gothique a conservé son cloître et ses chapelles du XIIIe s. Il offre un écrin particulièrement adapté à la collection d'art médiéval de la Galerie nationale, très réputée pour ses retables gothiques. Le rez-de-chaussée accueille des concerts *(p. 28-29)*.

4 Hôtel de ville juif

Offert à la communauté par Modechai Maisel *(p. 35)* à la fin du XVIe s., le bâtiment prit son aspect baroque lors d'un remaniement en 1763. Il porte, sur son étroite façade, un cadran d'horloge aux chiffres écrits en hébreu, et dont les aiguilles tournent de droite à gauche. L'édifice abrite aujourd'hui le siège de plusieurs organisations juives. *Maiselova 18 • plan L3 • ferm. au public.*

5 Synagogue Haute

Mordechai Maisel finança également la construction de cette synagogue dont la salle principale se trouve au premier étage. Elle a conservé son plafond à voûtes et ses stucs Renaissance, et renferme des collections d'objets liturgiques du Musée juif. *Maiselova 18 • plan L3 • ferm. au public.*

Hôtel de ville juif

Le vieux cimetière juif, la salle de cérémonie et les synagogues Maisel, Pinkas, espagnole et Klaus dépendent du Musée juif.

Rabbi Löw

Grand rabbin de Moravie réputé pour son érudition, Löw ben Bezalel (1512-1609) a été associé à de nombreuses légendes liées aux pouvoirs que lui auraient conférés ses connaissances. Le plus célèbre de ces mythes concerne le Golem, une créature d'argile à laquelle il aurait donné vie, et dont les restes se trouveraient toujours à la synagogue Vieille-Nouvelle *(p. 52)*.

6 Synagogue Maisel

En remerciement de l'aide financière apportée par Mordechai Maisel lors des guerres contre les Ottomans, Rodolphe II l'autorisa en 1590 à se faire bâtir un lieu de culte privé. Reconstruite dans le style néo-gothique au tournant du XIXe et du XXe s., la synagogue abrite une splendide collection d'objets cultuels en or, argent, étain et céramique. Elle fut réunie par les nazis, alors qu'ils projetaient de créer dans le ghetto de Prague un musée consacré à une « race disparue ». *Maiselova 10 • plan L3 • ouv. avr.-oct. : dim.-ven. 9h-18h ; nov.-mars : 9h-16h30 • EP.*

Synagogue Maisel

Salle de cérémonie

7 Salle de cérémonie

Ce bâtiment néo-roman édifié en 1912 à la sortie du vieux cimetière juif abritait le siège de la confrérie du Dernier Devoir qui se chargeait des rites funéraires. C'était là, en particulier, qu'elle préparait les corps avant leur inhumation. Une exposition sur les traditions de la communauté juive en matière d'enterrement comprend une série de tableaux du XVIIIe s. illustrant les activités de la confrérie. *U Starého hřbitova • plan K2 • ouv. avr.-oct. : dim.-ven. 9h-18h ; nov.-mars : 9h-16h30 • EP.*

8 Synagogue Klaus

Contre le vieux cimetière juif, ce sanctuaire baroque à nef unique de 1694 occupe le site de trois *klausen*, des bâtiments servant d'écoles et d'oratoires où Rabbi Löw enseigna la Cabale. Comme la majorité des synagogues du quartier, il abrite une expostion. *U Starého hřbitova 1 • plan K2 • ouv. avr.-oct. : dim.-ven. 9h-18h ; nov.-mars : 9h-16h30 • EP.*

9 Synagogue Pinkas

Cette synagogue fondée au XVe s. conserve les vestiges d'un bain rituel médiéval. Après la Seconde Guerre mondiale, elle est devenue un monument à la mémoire des 77 297 Juifs tchèques exterminés dans les camps de concentration. À l'étage, 4 000 dessins exécutés par des enfants incarcérés dans la forteresse de Terezín offrent une image poignante de leur vie en détention. Les communistes fermèrent le mémorial après la guerre des Six Jours de 1967. Il a rouvert en 1991. *Široká 3 • plan K3 • ouv. avr.-oct. : dim.-ven. 9h-18h ; nov.-mars : 9h-16h30 • EP.*

10 Synagogue Espagnole

Cet ancien lieu de culte a été élevé dans le style néo-mauresque en vogue à la fin du XIXe s. Son riche décor intérieur aux arabesques et aux stucs inspirés de l'Alhambra de Grenade lui a valu son nom. Il occupe l'emplacement de la Vieille École, pôle religieux, au XIe s., de la communauté juive de rite oriental. František Škroup, compositeur de l'hymne national tchèque, en fut l'organiste. *Vézeňská 1 • plan M2 • ouv. avr.-oct. : dim.-ven. 9h-18h ; nov.-mars : 9h-16h30 • EP.*

Tronc exposé à la synagogue Klaus

Une journée dans le quartier juif

Le matin

La **synagogue Pinkas**, dont les murs portent les noms, regroupés par villes et villages, des victimes de l'Holocauste en Bohême et en Moravie, permet d'apprécier l'importance qu'eut la communauté juive de Prague. Le **vieux cimetière juif** *(p. 22-23)* en offre une image différente, mais tout aussi émouvante. Un guide vous aidera à vous repérer parmi les tombes. Visitez ensuite l'exposition de la **synagogue Klaus** sur les fêtes et les coutumes familiales juives.

Ne manquez pas la **synagogue Vieille-Nouvelle** *(p. 24-25)*, au bout d'U Starého hřbitova. De l'autre côté de la rue se dresse l'**hôtel de ville juif** *(p. 99)*. Le restaurant **Pravda** *(p. 103)* ne se trouve qu'à quelques pas.

L'après-midi

Après le déjeuner, flânez devant les magasins d'antiquités qui jalonnent le trajet vers la **synagogue Maisel.** Elle renferme la première partie d'une exposition qui se poursuit dans la **synagogue Espagnole,** sur la communauté juive de Bohême et de Moravie.

Faites une pause à la **pâtisserie Praha** *(p. 102)* avant de conclure votre promenade au **couvent Sainte-Agnès** *(p. 28-29)*.

Une soirée à Josefov se doit d'inclure un repas casher au King Solomon *(p. 103)* et un concert de musique sacrée à la synagogue espagnole.

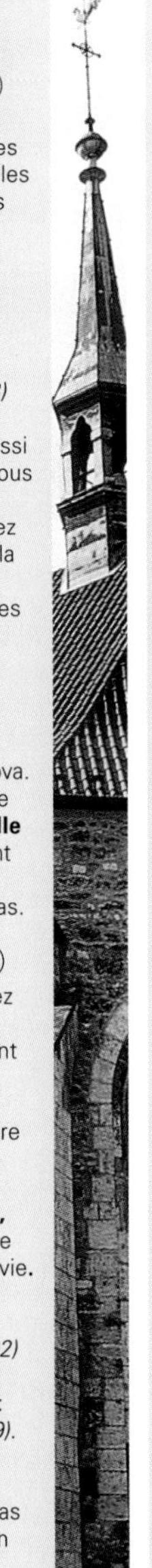

Gauche **Le Patio** Droite **Pâtisseries, Bakeshop Praha**

Top 10 Boutiques

1 Boutique de la synagogue Espagnole

Vous trouverez ici de nombreux objets liés au culte, comme des baguettes de lecture de la Torah et des *yamulkas* (calottes), ainsi que des souvenirs, entre autres des pendules copiées sur l'horloge de l'hôtel de ville juif *(p. 99)*. *Vězeňská 1 • plan L2.*

2 Le Patio

Cette boutique de Pařížská vend du mobilier et des objets de décoration d'intérieur. Deux succursales, à Národní 22 et V Celnici 4, comprennent aussi des cafés. *Pařížská 20 • plan L2.*

3 One Gallery

Ici étincellent les créations à base d'ambre, de grenat ou de diamant de bijoutiers réputés comme Fabergé et Swarovski. *Pařížská 7 • plan L2.*

4 Precious Legacy

Cette agence proposant des visites guidées de sites juifs de Prague et de Bohême vend aussi une sélection de châles de prière, de lampes, de verrerie... et de golems. *Široká 9 • plan L3.*

5 Národní banka vín

La Banque nationale du vin organise des réunions de dégustation des crus qu'elle distribue. Les acheteurs peuvent emporter leurs acquisitions ou les laisser vieillir dans un emplacement loué à la cave. *Platnéřská 4 • plan K4.*

6 Philharmonia

Philharmonia garde en stock tout le répertoire national, y compris les enregistrements de musiciens contemporains tchèques. *Pařížská 13 • plan L2.*

7 Bakeshop Praha

Munissez-vous d'un sac de *rugalach*, entre autres douceurs, ou déjeunez d'un sandwich à l'œuf et d'un café. La boulangerie vend aussi des salades et des parts de quiche à emporter. *Kozí 1 • plan M1.*

8 Antique Kaprova

Les spécialités de cette boutique pour collectionneurs sont les gravures et les petits objets décoratifs comme les pendules et les lampes. Si vous ne trouvez pas ce que vous cherchez, on saura vous mettre sur la piste. *Kaprova 12 • plan K3.*

9 Jewish Art Gallery

Michael Slutsker présente principalement ses tableaux dans la petite galerie qu'il a ouverte au cœur de Josefov, un quartier dont il s'efforce de capturer la chaleur humaine et la nostalgie. *Maiselova 9 • plan L3.*

10 Sapphire

On y trouve preque tout : des tapis persans, des bijoux en ambre, des objets en cristal, des poupées russes, des souvenirs de l'époque soviétique et des T-shirts. *Maiselova et Široká • plan L3.*

Comment acheter à Prague **p. 132**

Catégories de prix

Pour un repas avec entrée, plat, dessert et demi-bouteille de vin (ou repas équivalent), taxes et service compris.

K	moins de 300 Kč
KK	300 Kč-500 Kč
KKK	500 Kč-700 Kč
KKKK	700 Kč-1 000 Kč
KKKKK	plus de 1 000 Kč

Ci-dessus **Café Franz Kafka**

TOP 10 Cafés et restaurants

1 Café Franz Kafka

Les boiseries foncées et les serveurs en cravate noire créent une atmosphère surannée et très viennoise. Laissez le temps ralentir, et dégustez un café et un strudel aux pommes. *Široká 12 • plan L3 • 222 318945 • pas de cartes de paiement* • **K.**

2 Paneria

Emportez vos sandwichs sur les marches du Rudolfinum *(p. 36)* voisin pour pique-niquer, ou profitez du comptoir. Paneria possède des succursales dans toute la ville. *Pas de téléphone* • **K.**

3 Alizée

Alizée parfume des recettes françaises de quelques accents asiatiques, et les accompagne d'un excellent choix de vins. Il règne une atmosphère plus détendue dans la brasserie attenante. *Široká 4 • plan L3 • 224 819668* • **KKKK.**

4 Le Café Colonial

Prenez un espresso et un croissant au bistro, ou un repas français complet dans la salle à manger. *Široká 6 • plan L3 • 224 818322* • **KKKK.**

5 Blinis Bar

Comme le nom l'indique, une ambiance russe règne ici. Le nombre de vodkas différentes que l'on peut boire avant, avec ou après son bortsch laisse pantois. *Maiselova 16 • plan L3 • 224 812463* • **KK.**

6 King Solomon

Le restaurant kascher le plus réputé de Prague sert des plats recherchés à base de poisson, de viande et de laitage. Il est fermé le vendredi. *Široká 8 • plan L3 • 224 818752* • **K.**

7 Siam-I-San

Les spécialités thaïlandaises comprennent des currys pimentés. *Valentinská 11 • plan K3 • 224 814099* • **KKKK.**

8 Valmont

Les murs verts et les banquettes en cuir évoquent un club anglais. La cuisine sert des viandes grillées. *Pařížská 19 • plan L2 • 222 327260* • **KKK.**

9 Modrá Zahrada

Les pizzas du Modrá Zahrada attirent souvent la foule. *Pařížská 24 • plan L2 • 222 327171* • **K.**

10 Pravda

Mieux vaut réserver pour venir ici déguster des mets métissés dans une ambiance post-moderne. *Pařížská 17 • plan L2 • 222 326203 • AH* • **KKKKK.**

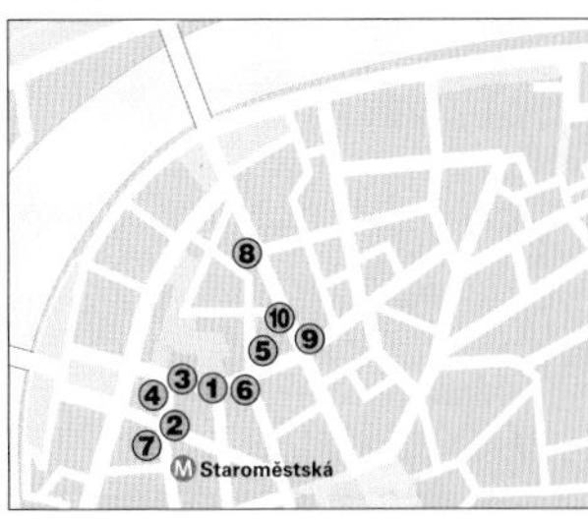

***Remarque** : sauf indication contraire, tous les restaurants acceptent les cartes de paiement et proposent des plats végétariens.*

Gauche **Détail du toit de l'hôtel de ville de la Nouvelle Ville** Droite **Théâtre**

Nouvelle Ville

Nové Město est née en 1348 de la volonté de Charles IV d'étendre hors de remparts devenus trop étriqués l'agglomération urbaine formée par Vyšehrad, Hradčany, la Vieille Ville et Malá Strana. Il donna à la nouvelle cité un plan régulier et de grandes places commerçantes. Le marché au bétail, l'actuelle Karlovo náměstí, a pris le nom de l'empereur à l'origine de sa création, tandis que le marché aux chevaux est devenu la place Venceslas au XIXe s. Le marché au foin, Senovážné náměstí, garda son titre jusqu'à ce que les communistes décident de le rebaptiser en l'honneur de l'écrivain Maxime Gorky.
Le quartier de la Nouvelle Ville renferme de superbes exemples des grands styles architecturaux de la fin du XIXe s. et de la première moitié du XXe. Il est le plus actif de Prague, et celui où se déroula l'essentiel de la révolution de Velours.

Statue, jardin franciscain

TOP 10 Les sites

1. **Place Venceslas**
2. **Náměstí Republiky**
3. **Na Příkopě**
4. **Jardin franciscain**
5. **Národní třída**
6. **Théâtre national**
7. **The Globe Bookstore and Coffeehouse**
8. **Karlovo náměstí**
9. **Hôtel de ville de la Nouvelle-Ville**
10. **Palackého náměstí**

Bien que certains Pragois appellent toujours Senovážné náměstí « Gorkáč », la place a retrouvé son vieux nom sur les plans.

Na Příkopě

1 Place Venceslas

La longue esplanade en pente de Václaské náměstí constitue le contrepoint moderne de la place de la Vieille-Ville *(p.14-17)*. Le Musée national et de splendides immeubles Art nouveau y témoignent de l'élan suscité par le réveil national. Depuis un siècle, la place a été le théâtre de presque toutes les manifestations et célébrations qui ont façonné l'identité de la capitale tchèque *(p. 30-31)*.

2 Náměstí Republiky

Au débouché de Celetná sur la place de la République, la Maison municipale de style Art nouveau forme un étrange couple avec la tour poudrière néo-gothique. Elles font face à l'austère Banque nationale tchèque et au théâtre Hybernská en cours de rénovation. Derrière le théâtre, le musée Lénine, fermé en 1991, occupa longtemps le n° 7 d'Hybernská. Frédéric Chopin habita brièvement une maison qui se dressait à l'angle de cette rue et de Senovážná. La discrète église Saint-Joseph s'élève dans le coin nord-est de la place. *Plan P3.*

Náměstí Republiky

3 Na Příkopě

De grandes marques internationales comme Benetton, Izod, Marks and Spencers et Taiza ont ouvert des succursales sur le boulevard pragois de la mode. Son nom (« sur les douves ») révèle qu'il s'étend à l'emplacement d'un ancien fossé des fortifications. Aux beaux jours, des cafés installent leurs terrasses sur la chaussée piétonnière, et il règne une joyeuse animation entre l'étincelant centre commercial Myslbek et le cinéma multisalles Slovanský dům. Le hussite Jan Želivský prêcha jadis sur le site d'une autre galerie marchande : le palais Černá Růže. *Plan N5.*

4 Jardin franciscain

Les franciscains se virent confier en 1603 l'ancien couvent des carmélites dont dépendait Notre-Dame-des-Neiges, tombée en décrépitude après les guerres hussites. Les moines donnèrent à l'église sa voûte Renaissance. Ouvert au public depuis 1950, leur ancien jardin forme un havre de paix non loin de la place Venceslas. Il renferme, dans sa partie nord, une collection de plantes médicinales. Elle offre un aperçu des simples cultivés par les frères au XVIIe s. *(p. 41)*. *Plan N6.*

Můstek

Le « petit pont » enjambant jadis un fossé des fortifications médiévales a laissé son nom à la zone qui s'étend au pied de la place Venceslas. Il en reste des vestiges, sous la surface. Découverts par des ouvriers lors de la construction du métro, ils se trouvent au sommet des escaliers roulants qui mènent au quai.

5 Národní třída

L'événement qui sonna le début de la fin pour le pouvoir communiste eut lieu à mi-chemin entre le Théâtre national et l'actuel supermarché Tesco. À cet endroit, le 17 novembre 1989, la police intercepta des manifestants pour la démocratie qui se dirigeaient vers la place Venceslas. La brutalité de son intervention déclencha la révolution de Velours. Une plaque, au n° 20, Národní, marque l'emplacement où la confrontation eut lieu. *Plan L6.*

6 Théâtre national

Des patriotes tchèques financèrent la construction de ce théâtre une première fois en

Auditorium, Théâtre national

Karlovo náměstí

1868, puis de nouveau quand un incendie le ravagea en 1883. Smetana écrivit son opéra *Libuše* pour son inauguration. Si vous assistez à une représentation vous découvrirez les peintures allégoriques du plafond et le rideau de scène dessiné par Vojtěch Hynais. À côté, Laterna Magika propose des spectacles de « théâtre noir » *(p. 64).* *Národní 2 • plan E4.*

7 The Globe Bookstore and Coffeehouse

Cette institution de la communauté anglo-saxonne a déménagé en 2000. Dans le café, fréquenté aussi par des habitants du quartier, les clients font aisément connaissance et échangent des récits de voyage *(p. 112).* *Pštrossova 6 • plan E5.*

8 Karlovo náměstí

Réaménagée en espace vert au XIXe s., cette place percée par Charles IV abrita longtemps un marché au bétail. Parmi les arbres se dressent les statues de personnalités comme Eliška Krásnohorská, librettiste de Smetana. À l'ouest, l'église Saints-Cyrille-et-Méthode, où se réfugièrent les responsables de l'attentat contre le Reichs-protektor Reinhard Heydrich, borde Resslova *(p. 39).* *Plan F5.*

9 Hôtel de ville de la Nouvelle Ville

C'est dans le bâtiment d'origine qu'eut lieu, en 1419, la première Défenestration de Prague : des émeutiers conduits par le prédicateur hussite Jan Želivský précipitèrent le maire catholique et ses conseillers sur des épieux. De l'édifice subsistent principalement des caves et la salle des mariages gothique du rez-de-chaussée. Également de style gothique, la tour élevée en 1456, et accessible au public, ménage de son sommet un large panorama. *Karlovo náměstí 23 • plan F5 • ferm. au public.*

10 Palackého náměstí

Cette place au bord de la Vltava porte le nom de l'historien du XIXe s. František Palacký, dont l'œuvre joua un rôle majeur dans le mouvement de réveil national. Sucharda dessina le monument qui lui rend hommage à l'extrémité nord de l'esplanade. À l'est se dressent les flèches modernes de l'église du couvent d'Emmaüs. Celui-ci perdit sa toiture dans l'incendie causé par un bombardement allié le 14 février 1945. Également connu sous le nom de couvent des Slaves, car il abritait à l'origine des bénédictins croates, le monastère possède un cloître décoré de superbes peintures gothiques *(p. 52)*. *Plan E6.*

Couvent d'Emmaüs, Palackého náměstí

Une journée dans la Nouvelle Ville

Le matin

Après un petit déjeuner au **Break Café** *(p. 113)*, rejoignez la **place Venceslas** *(p. 30-31)* où une brève exploration du **Musée national** *(p. 36)* devrait vous suffire, à moins que vous n'ayez à vous protéger de la pluie ou que vous portiez un intérêt hors du commun à l'histoire naturelle. Au pied de la statue de Venceslas, le monument aux victimes du communisme rappelle le prix de la liberté.

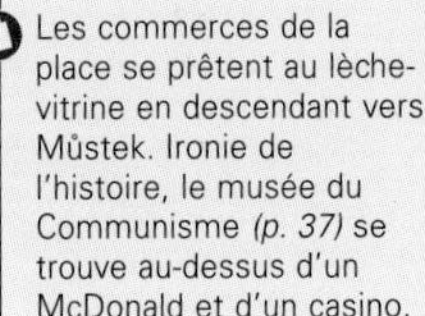

Les commerces de la place se prêtent au lèche-vitrine en descendant vers Můstek. Ironie de l'histoire, le musée du Communisme *(p. 37)* se trouve au-dessus d'un McDonald et d'un casino.

Prenez le métro jusqu'à la station Narodní třída pour déjeuner au **Globe** *(p. 112)*.

L'après-midi

Une fois rassasié, dirigez-vous vers le **Théâtre national,** puis suivez la rive droite de la Vltava jusqu'à Jiráskovo náměstí. Les amateurs d'art moderne s'arrêteront en route à la **galerie Mánes** *(p. 110)*. Remontez Resslova jusqu'à l'église Saints-Cyrille-et-Méthode et son monument aux résistants tchèques.

Pour dîner avant, ou après, une représentation au Théâtre national, le **Vas-y Vas-y** *(p. 113)* constitue le choix évident. S'il vous reste encore un peu d'énergie, allez danser au **Radost** *(p. 111)*, ou vous enfumer dans une taverne typique : **U Havrana** *(p. 112)*.

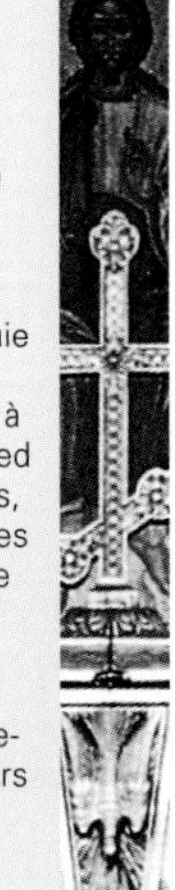

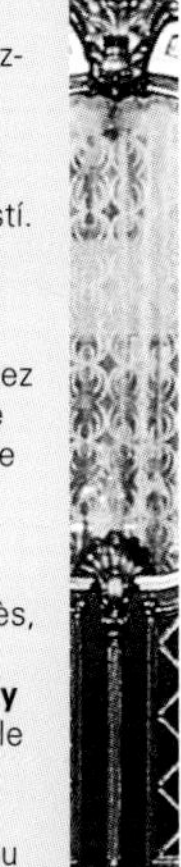

Pages suivantes : **Musée national et statue de Venceslas vus de nuit**

Gauche **Galerie Mánes** Droite **Musée Dvořák**

TOP 10 Musées

1 Galerie Mánes

Ce musée d'art contemporain tchèque et étranger occupe la pointe sud de l'île Žofín. *Masarykovo nábřeží 250 • plan E5 • ouv. mar.-dim. 10h-18h • EP.*

2 Galerie Oskar Kokoschka

L'Institut culturel autrichien met l'accent sur l'héritage commun de Prague et Vienne, et a organisé des rétrospectives consacrées à Oskar Kokoschka et Gustav Klimt. *Jungmannovo náměstí 18 • plan M6 • ouv. lun.-ven. 10h-13h et 14h-16h • EP.*

3 Musée de la Poste

La collection permanente comprend bien entendu des timbres, mais aussi d'autres objets comme des uniformes. À l'étage, des salles ornées de peintures murales accueillent des expositions temporaires. *Nové mlýny 2 • plan G4 • ouv. mar.-dim. 9h-12h et 13h-17h • EP.*

4 Musée de la Ville de Prague

La maquette de Prague réalisée en 1834 par Antonín Langweil constitue le fleuron d'une présentation historique de la ville. *Na Poříčí 52 • plan P3 • ouv. mar.-dim. 9h-18h • EP.*

5 Musée Mucha

L'exposition offre un aperçu de l'ensemble de l'œuvre d'un des grands artistes de l'Art nouveau : Alfons Mucha. *Panská 7 • plan N5 • ouv. t.l.j. 10h-18h • EP.*

6 Musée du Communisme

Des objets souvent offerts pas le public évoquent les trois dimensions du communisme en Tchécoslovaquie : rêve, réalité et cauchemar *(p. 37)*.

7 Musée de cire de Prague

Ne vous attendez pas à l'équivalent du musée Grévin, mais il n'existe sans doute pas d'autre endroit où voir des mannequins de cire de Václav Havel, de la championne de tennis Martina Navrátilová et de Franz Kafka *(p. 50)*.

8 Musée national

L'édifice néo-Renaissance au sommet de la place Venceslas et son panthéon consacré aux grandes personnalités culturelles tchèques présentent plus d'intérêt que les collections d'histoire naturelle présentées *(p. 36)*. *Václavské náměstí 68 • plan G5 • ouv. oct.-avr. : t.l.j. 10h-17h ; mai-sept. : 10h-18h (fer. le 1er mar. du mois) • EP.*

9 Musée de la Police

L'exposition à la gloire des forces de l'ordre comprend une reconstitution interactive d'une scène de crime. *Ke Karlovu 1 • plan G6 • ouv. mar.-dim. 10h-17h • EP.*

10 Musée Dvořák

Une charmante villa baroque abrite des souvenirs du compositeur, notamment son piano, son alto et des partitions *(p. 45)*. *Ke Karlovu 20 • plan G6 • ouv. mar.-dim. 10h-17h • EP.*

Gauche **Radost** Droite **Jazz Café č. 14**

Top 10 Vie nocturne

1 Radost
Les jeunes noctambules qui remplissent, jusqu'à 5 h, la discothèque, le bar et le café cèdent la place dans la journée à une clientèle plus variée séduite par la cuisine végétarienne, entre autres, le brunch du dimanche *(p. 66)*. *Bělehradská 120 • plan G6.*

2 Zvonařka
Situé dans un quartier résidentiel, le Zvonařka n'organise pas des soirées trépidantes, mais il possède un grand patio offrant une belle vue et sert des boissons et des mets de qualité. *Šafaříkova 1 • plan H6.*

3 Solidní nejistota
Ce grill connaît une grande popularité auprès des yuppies en devenir. On se presse sur sa minuscule piste de danse au son de morceaux de pop music. *Pštrossova 21 • plan E5.*

4 Lucerna
Le vaste Lucerna programme des concerts de jazz et des soirées à thème, dont une nuit années 1980 *(p. 67)*.

5 N11
Considéré comme la première boîte de nuit de style new-yorkais ouverte à Prague, le N11 associe une discothèque élégante et un bon restaurant. Selon les vœux du propriétaire, les journalistes et le personnel médical ont droit à une réduction de 10 %. *Národni 11 • plan E5.*

6 Jazz Café č. 14
Vous trouverez ici une retraite confortable où siroter un café ou un verre de vin bon marché. Mais l'atmosphère est enfumée par une clientèle étudiante et bohème. *Opatovická 14 • plan E5.*

7 Bar 23
La porte en bois paraît un peu suspecte, mais elle ouvre sur un bar de quartier chaleureux, un bon endroit où s'initier aux rituels complexes de la consommation d'absinthe. *Křemencova 23 • plan E5.*

8 Café Louvre
Franz Kafka, Max Brod et leurs amis écrivains avaient l'habitude de se retrouver dans cet établissement lumineux et gai. À l'arrière se trouve la salle de billard la plus élégante de la ville. *Národní 20 • plan L6.*

9 Ultramarin
Le rez-de-chaussée abrite un bar-restaurant convivial et simple. Au sous-sol, un café musical permet de danser jusqu'à 4h. *Ostrovní 32 • plan E4.*

10 Billiard centrum v Cípu
Près de 100 tables de snooker et de billard français et américain, plus quatre pistes de bowling et deux tables de ping-pong. Le vendredi et le samedi soir, réservez avant de vous déplacer. Le bar ne sert pas à manger. *V Cípu 1 • plan P5.*

Gauche **The Globe Bookstore and Coffeehouse** Droite **U Fleků**

TOP 10 Cafés et bars

1 The Globe Bookstore and Coffeehouse

La qualité de la nourriture varie avec l'humeur du personnel, mais tend à s'améliorer. Le brunch du week-end offre une bonne occasion de découvrir ce café *(p. 106)*.

2 U modrého psa ležícího naznak

Le nom est plus grand que la salle. Ce salon de thé sert un bon café, des pâtisseries maison et des crèmes glacées d'une douzaine de parfums.
Pštrossova 23 • plan E5.

3 U Fleků

U Fleků est sans doute la brasserie la plus populaire de la capitale tchèque, et les prix se ressentent de cette renommée *(p. 60)*. *Křemencova 11 • plan E5.*

4 Zlatá hvězda

Ce bar s'adresse aux amateurs de sport prêts à river leurs yeux sur les rencontres retransmises sur plusieurs écrans. *Ve Smečkách 12 • plan G5.*

5 Jágr's

Propriété des amis et de la famille du champion national de hockey Jaromír Jágr, ce bar accueillant possède plusieurs écrans géants diffusant des matchs. *Václavské náměstí 56 • plan N6.*

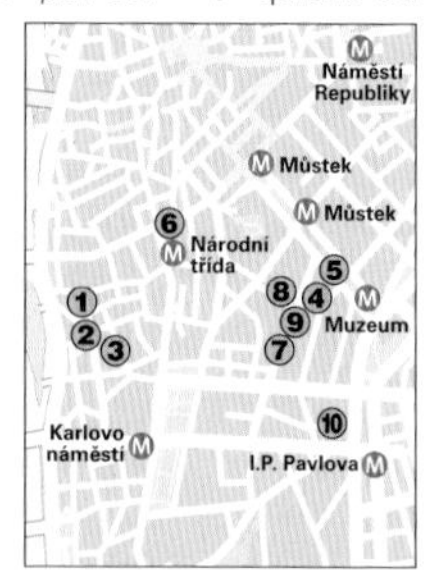

6 Café Ypsilon

Cet élégant théâtre de bar se remplit rapidement à l'entracte et à la fin du spectacle. *Spálená 16 • plan F4.*

7 Rocky O'Reilly's

Ce pub animé offre tout ce dont peut rêver un celtophile : des musiciens le soir, du football à la télévision, un feu de cheminée et des flots de stout. De plus, la cuisine est correcte.
Štěpánská 32 • plan F5.

8 Boulder Bar

On pourrait croire que l'escalade et la consommation d'alcool sont incompatibles, mais Boulder Bar prouve le contraire. Les étudiants qui le fréquentent y viennent plus pour boire que pour s'accrocher aux murs.
V jámě 6 • plan F1.

9 Café de l'Institut français

Il offre un cadre agréable où les étudiants francophones et francophiles viennent boire un café, manger une part de quiche ou lire des journaux.
Štěpánská 35 • plan F5.

10 U Havrana

Appartenant à une espèce en voie de disparition, « Au Corbeau » sert de consistants plats locaux à arroser de pintes de bière. Il reste ouvert jusqu'à 5h. *Hálkova 6 • plan G5.*

Catégories de prix

Pour un repas avec entrée, plat, dessert et demi-bouteille de vin (ou repas équivalent), taxes et service compris.		
	K	moins de 300 Kč
	KK	300 Kč-500 Kč
	KKK	500 Kč-700 Kč
	KKKK	700 Kč-1 000 Kč
	KKKKK	plus de 1 000 Kč

Ci-dessus **Dynamo**

TOP 10 Restaurants

1 Dynamo

Ce bistro postmoderne propose une large sélection de whiskys single malt et des plats comme la langue marinée en sauce noire. *Pštrossova 29 • plan E5 • 224 932020 •* **KK.**

2 Tulip

Élégant café et bar à vin au jardin pittoresque, le Tulip sert toute la journée des plats végétariens et des petits déjeuners à l'américaine. *Opatovická 3 • plan E5 • 224 930019 •* **KK.**

3 Gargoyle's

Les audacieux se doivent de relever le défi du chef : cinq plats dont la nature reste un mystère jusqu'à leur apparition sur la table. *Opatovická 5 • plan E5 • 224 934143 • AH •* **KKKK.**

4 Vas-y Vas-y

Réservez si vous voulez obtenir une table dans ce minuscule bistro français à la cuisine soignée. *Pštrossova 8 • plan E5 • 224 930156 • pas de cartes de paiement •* **KK.**

5 Iver

L'Iver a pour spécialités des recettes régionales comme *halušky s bryndzou*, des pâtes au fromage *(p. 59)*. La cour paisible offre un cadre parfait à un déjeuner. *Purkyňova 4 • plan F4 • 224 946071 •* **KK.**

6 Buffalo Bill's

Une atmosphère texane règne dans ce saloon à la bonne cuisine. Les enfants ont droit à des plats spéciaux et à des sets de table à colorier. *Vodičkova 9 • plan F4 • 224 948624 •* **KK.**

7 Dobromila

Le Dobromila propose un choix éclairé de plats européens et tchèques, et une excellente carte de vins français et locaux. *Jungmannova 10 • plan M6 • 296 246464 •* **KKKK.**

8 Break Café

Depuis les œufs au bacon au petit déjeuner, jusqu'aux moules provençales au souper, ce café chic comble tous les goûts. *Štěpánská 32 • plan F5 • 222 231065 • pas de cartes de paiement •* **K.**

9 Cicala

Cette table italienne authentique séduit de nombreuses célébrités de passage. *Žitná 43 • plan F5 • 222 210375 • pas de cartes de paiement •* **KKKK.**

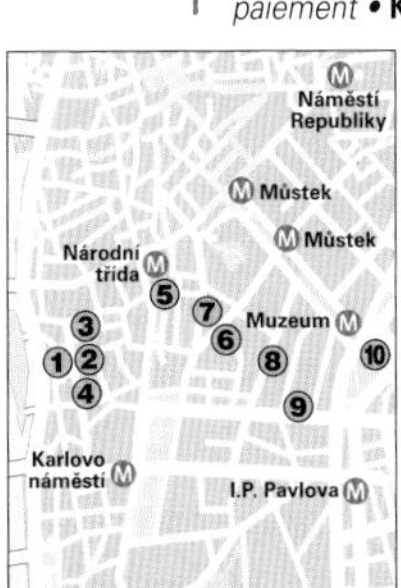

10 Zahrada v opeře

D'un extraordinaire rapport qualité-prix, le « Jardin de l'Opéra » n'a pas d'égal pour un repas avant ou après un spectacle à l'Opéra national. *Legerova 75 • plan G6 • 224 239685 •* **KKK.**

Remarque *: sauf indication contraire, tous les restaurants acceptent les cartes de paiement et proposent des plats végétariens.*

Gauche **Holešovice** Droite **Prague vue de Smíchov**

Hors du centre

Si votre séjour à Prague vous laisse le temps de sortir du cœur de la ville, partez à la découverte de la périphérie de la capitale tchèque pour avoir une vision plus complète. Les amateurs de demeures baroques ne manqueront pas le somptueux palais de Troja et son jardin à la française. Beaucoup moins élégants, le palais des Congrès et la tour de la télévision comptent parmi les rares édifices publics laissés par l'ère communiste. Dans un méandre de la Vltava, le parc des Expositions de Výstaviště recèle de nombreuses attractions. Il occupe une partie de l'ancienne chasse royale à l'origine du parc de la Stromovka. Des quartiers comme Žižkov, réputé pour son esprit rebelle et sa vie nocturne, Vinohrady, riche en immeubles Art nouveau, et Holešovice, en pleine rénovation, possèdent aujourd'hui des personnalités bien distinctes grâce à leurs traditions différentes.

Palais de Troja

TOP 10 Les sites

1. Vyšehrad
2. Smíchov
3. Vinohrady
4. Holešovice
5. Parc deLetná
6. Stromovka
7. Troja
8. Výstaviště
9. Monument national
10. Tour de la télévision de Žižkov

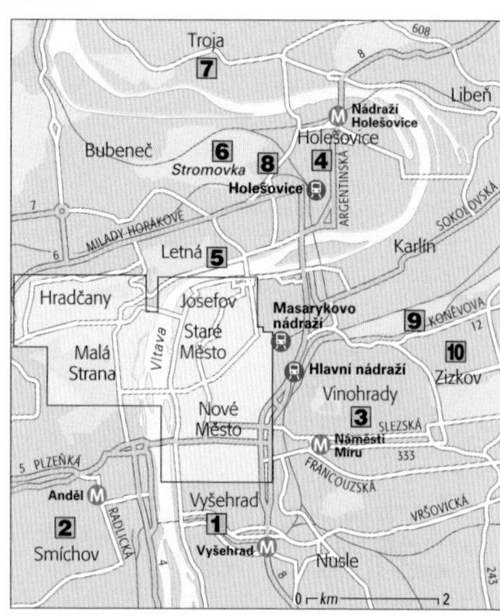

1 Vyšehrad

L'ancienne forteresse de Vyšehrad *(p. 121)* tient une place centrale dans les légendes tchèques qui influencèrent des créateurs comme. Bedřich Smetana. Le compositeur repose, auprès d'autres personnalités célèbres du pays, dans le cimetière national créé en 1869 contre l'église Saints-Pierre-et-Paul. *Plan B6.*

Vinohrady

2 Smíchov

Des centres commerciaux modernes et des cinémas multisalles ont donné un nouveau visage à ce qui était le principal quartier industriel de la ville. Au cœur se trouve la station de métro Anděl, la première construite à Prague. Baptisée « Moscou » lors de son inauguration, elle conserve quelques peintures murales de ses origines communistes *(p. 49)*. *Plan A6.*

3 Vinohrady

À l'emplacement d'anciens vignobles royaux, ce quartier résidentiel très prisé au début du XXe s. s'organise autour d'une place centrale, Náměstí míru, bordée par l'église néo-gothique Sainte-Ludmilla et le théâtre Vinohrady de style Art nouveau. Le jardin botanique offre un espace où l'on peut échapper à la pression urbaine. *Plan B6.*

4 Holešovice

Cet ancien quartier d'entrepôts en cours de réhabilitation renferme le palais Veletržní, où la Galerie nationale présente sa collection d'art moderne *(p. 26-27)*, et le Musée technique national qui ravira les amateurs de véhicules anciens.
Plan B5 • Musée technique national : Kostelní ; ouv. mar.-dim 9h-17h ; EP.

5 Parc de Letná

Sur la rive de la Vltava opposée à l'ancien quartier juif *(p. 98-103)*, un escalier taillé dans le granite grimpe jusqu'au métronome géant qui a remplacé sur son socle la statue de Staline qui dominait Prague dans les années 1960 *(p. 48)*. Les amateurs de planches à roulettes apprécient le parc qui l'entoure, et les cirques de passage y dressent parfois leur chapiteau. Pour beaucoup de Pragois, la principale attraction de Letná demeure néanmoins son jardin à bière. *Plan E1.*

Parc de Letná

Žižkov

Né de la partition du faubourg de Královské Vinohrady, ce quartier de vieille tradition ouvrière et révolutionnaire est réputé pour l'animation qui règne dans ses bars. Il intégra le Grand Prague en 1920. Un mouvement pour l'indépendance de la République de Žižkov témoigne avec humour de la nature toujours rebelle de ses habitants. Le club Akropolis et le collectif d'artistes Divus servent de pôles à des activités culturelles alternatives, tandis que les restaurants ethniques, toujours plus nombreux à ouvrir, créent une atmosphère très cosmopolite.

6 Stromovka

Cette ancienne réserve de chasse du XIIIe s. devint un parc public en 1804. La pépinière qui en occupait jadis une grande partie lui a laissé son nom, qui signifie « endroit des arbres ». Pour alimenter le lac central avec l'eau de la Vltava, Rodolphe II fit percer un tunnel sous la colline de Letná. Un planétarium se trouve près du parc des Expositions *(p. 41)*. *Plan B5.*

7 Troja

En face de Stromovka, sur la rive opposée de la Vltava, le charmant palais de Troja et son jardin à la française constituent une excellente destination pour une journée de détente. Le bâtiment abrite de somptueuses fresques baroques et une riche collection de peintures du XIXe s. *(p. 120)*. Vous pourrez ensuite visiter le zoo voisin, qui possède 2 500 animaux appartenant à 500 espèces, avant de prendre un bus pour rentrer dans le centre. *Plan B5.*

8 Výstaviště

Très couru pour sa fête foraine, le parc des Expositions aménagé en 1891 accueille de nombreuses manifestations telles qu'expositions temporaires, concerts et rencontres sportives. Il renferme un cinéma en plein air et l'étonnante fontaine Křižík *(p. 51)*. Une visite du lapidarium vous permettra de découvrir, entre autres, les originaux de statues qui décorent le pont Charles *(p. 120)*. *Plan B5.*

Monument national

Tour de la télévision, à Žižkov

9 Monument national

Depuis 1950, une immense statue équestre de Jan Žižka, le général borgne des hussites, se dresse sur la colline où il remporta une victoire historique, en 1420, à la tête d'une armée formée de paysans. Derrière, l'imposant Monument national (1929) a cessé de servir de mausolée des dignitaires du Parti communiste *(p. 48)*. *Žižkov • plan B6 • sept.-juin : 1er sam. du mois.*

10 Tour de la télévision de Žižkov

Les autorités communistes n'hésitèrent pas à dégager une partie d'un ancien cimetière juif pour ériger cette construction d'une hauteur totale de 216 m à l'esthétique totalement déplacée dans son environnement. Alors que sa fonction suscitait depuis des années les pires rumeurs, elle ne commença en fait à émettre qu'après la révolution de Velours. Sa plate-forme panoramique, à mi-hauteur, ménage une large vue de la capitale tchèque *(p. 48)*.

Mahlerovy sady • plan B6 • AH • EP.

Trois après-midi en dehors du centre

Premier jour

La fin de la journée est le meilleur moment pour parcourir **Vyšehrad** *(p. 115)*. Prenez le métro jusqu'à la station du même nom, au palais des Congrès d'où s'ouvre une vue superbe des clochers de Prague. Suivez Na Bučance à l'ouest jusqu'à la **porte Tábor** *(p. 121)*. L'enceinte fortifiée renferme plusieurs bâtiments historiques comme la **rotonde Saint-Martin** *(p. 121)*. Prenez le temps de découvrir à votre rythme le parc agrémenté de statues, mais trouvez-vous à la pointe ouest du promontoire rocheux pour admirer le coucher du soleil.

Deuxième jour

Le métro dessert aussi **Žižkov** et **Vinohrady** *(p. 115)*. Descendez à la station Florenc, et grimpez jusqu'au **Monument national** pour une vue splendide que vous comparerez à celle offerte par la **tour de la télévision de Žižkov**. Laissez le hasard guider vos pas dans Vinohrady, mais conservez des forces pour profiter de la vie nocturne du quartier.

Troisième jour

Les marcheurs énergiques peuvent regrouper les visites de **Stromovka** et de **Troja** en une demi-journée. Le tramway conduit à **Výstaviště,** d'où vous traverserez la Vltava pour rejoindre le **palais de Troja** et son jardin *(p. 120)*. Une courte distance le sépare du zoo. Pour rentrer, prenez le bus à Nádraží Holešovice.

Pages suivantes **Palais de Troja**

Gauche **Palais de Troja** Centre **Bertramka** Droite **Cimetières d'Olšany**

Autres visites

1 Lapidarium

La « maison de retraite » des sculptures de Prague compte quelque 700 pensionnaires, dont l'original de la statue équestre de la place Venceslas. *Výstaviště 422, Holešovice • plan B5 • ouv. mar.-ven. 12h-18h ; sam.-dim. 10h-18h • AH • EP.*

2 Palais de Troja

Jean-Baptiste Mathey dessina pour le comte Sternberg une demeure princière inspirée des palais baroques italiens. Un escalier orné de statues mène à une salle d'apparat occupant le centre du bâtiment. *U Trojského zámku 1, Troja • plan B5 • ouv. mar.-dim. 10h-18h • EP.*

3 Zoo de Troja

Les félins et les gorilles sont les résidents les plus appréciés du jardin zoologique de Prague. *U Trojského zámku 120, Troja • plan B5 • ouv. t.l.j. 9h-18h • EP.*

4 Couvent de Břevnov

Saint Adalbert fonda en 993 ce monastère aux édifices baroques. Sous le chœur de l'élégante église Sainte-Marguerite (1715) subsiste la crypte de la basilique du XIe s. initiale. *Markétská, Břevnov • plan B5 • 220 406111 • sur r.d.v. • EP.*

5 Bertramka

La maison où Mozart séjourna avec sa femme pendant qu'il travaillait à son *Don Giovanni* a été transformée en un petit musée consacré à sa vie. *Mozartova 169, Smíchov • plan A6 • ouv. mar.-dim. 9h30-18h • EP.*

6 Studios Barrandov

Les studios de cinéma que les nazis, puis les communistes, utilisèrent pour produire des films de propagande attirent aujourd'hui des réalisateurs occidentaux venus profiter du décor historique offert par Prague *(p. 46-47)*. *Kříženeckého náměstí 5, Barrandov • plan B5 • 267 071111 • sur r.d.v. • EG.*

7 Cimetières d'Olšany

Ces lieux de sépulture ont pour origine le cimetière créé pour accueillir les victimes de la peste de 1679. C'est là que repose Jan Palach, l'étudiant qui s'immola par le feu en 1969 *(p. 31)*. *Plan B5.*

8 Nouveau cimetière juif

Il renferme la tombe de Franz Kafka et celles de nombreuses victimes de l'Holocauste *(p. 25)*. *Plan B5.*

9 Lac Slapy

Cette retenue d'eau sur la Vltava sert à la prévention des inondations. Les Pragois viennent en été s'y baigner ou y canoter. *Plan B5.*

10 Panelaks

La majorité des Pragois vit dans d'hideux immeubles préfabriqués d'après-guerre semblables à ceux-ci. *Plan B5.*

Ne manquez pas la promenade en télésiège au-dessus du zoo de Troja, surtout avec des enfants.

Gauche **Église Saints-Pierre-et-Paul** Droite **Rotonde Saint-Martin**

TOP 10 Vyšehrad

1 Église Saints-Pierre-et-Paul

Ce santuaire néo-gothique fut élevé en 1885 sur le site d'une église fondée par Vratislav II. Il abrite un sarcophage du XIIe s. et un panneau gothique représentant la *Vierge de la pluie*. *K Rotundě • métro Vyšehrad • ouv. avr.-oct. : t.l.j. 9h30-18h ; nov.-mars : t.l.j. 9h30-17h.*

2 Slavín

Le 17 novembre 1989, des étudiants vinrent déposer des fleurs devant le panthéon des grands hommes de la nation avant de partir à la manifestation qui devait déclencher la révolution de Velours *(p. 35)*. *K Rotundě • métro Vyšehrad • ouv. t.l.j. 8h-17h.*

3 Colonne du Diable

Selon une des légendes inspirées par cette colonne brisée, le diable aurait parié avec un prêtre qu'il pourrait l'emporter à Rome avant qu'il eût fini son sermon. Le diable perdit et jeta la colonne à terre. *K Rotundě • métro Vyšehrad.*

4 Fenêtres à battant

Au XVIIIe s., les troupes d'occupation françaises creusèrent le rocher de Vyšehrad pour entreposer des munitions. *Métro Vyšehrad.*

5 Rotonde Saint-Martin

Le plus ancien lieu de culte chrétien de la capitale tchèque, et probablement du pays, date du XIe s. Il a été reconstruit en 1878. *K Rotundě • métro Vyšehrad.*

6 Porte de Tábor

Derrière cette porte baroque du XVIIe s. subsistent quelques vestiges des fortifications dont Charles IV dota Vyšehrad au XIVe s. *Na Bučance • métro Vyšehrad.*

7 Palais des Congrès

L'ancien palais de la Culture communiste accueille aujourd'hui des concerts de rock et des conférences internationales *(p. 49)*. *Métro Vyšehrad.*

8 Pont Nusle

Ce viaduc reliant la Nouvelle Ville au quartier commercial et financier de Pankrác est aussi laid que le palais des Congrès. *Métro Vyšehrad.*

9 Maisons cubistes

Œuvres de Josef Chochol, quelques immeubles, à l'angle de Přemyslova et Neklanova, et sur Podolské nábřeží et Libušina, témoignent au pied de Vyšehrad de l'inventivité d'un style architectural propre à la Tchécoslovaquie et à l'Autriche. *Métro Vyšehrad.*

10 Tombeau de Smetana

Le 12 mai, une messe dite sur la tombe du compositeur pour l'anniversaire de sa mort marque le début du Printemps de Prague *(p. 68)*. *Métro Vyšehrad.*

Gauche **La Crêperie** Droite **U Vystřeleného oka**

Top 10 Cafés et bars

1 La Crêperie
Les propriétaires, français, proposent une intéressante sélection de vins importés pour accompagner leurs spécialités bretonnes. *Janovského 4, Holešovice • plan B5.*

2 U Vystřeleného oka
L'enseigne, « À l'Œil Arraché », rend hommage au général hussite borgne Jan Žižka dont la colossale statue équestre domine le quartier *(p. 117)*. *U Božích bojovníkě 3, Žižkov • plan B6.*

3 U Holanů
Picorez dans une assiette de saucisses ou de harengs marinés dans ce bar populaire simple et propre de Vinohrady. Le service est sommaire. *Londžnská 10, Vinohrady • plan B6.*

4 Meduza
La population bohème et étudiante du quartier apprécie le décor de magasin de brocante depuis des années. C'est un excellent endroit pour passer un après-midi pluvieux à siroter du thé ou du vin de Moravie. *Belgická 17, Vinohrady • plan B6.*

5 Hospůdka nad Viktorkou
La café est situé dans la rue à la plus dense concentration de bars du pays, et peut-être du monde. Il est quelconque mais représente la quintessence de la taverne populaire pragoise. *Bořivojova 79, Žižkov • plan B6.*

6 Potrefená husa
Avec son éventail de bières nationales et importées, « L'Oie blessée » est l'endroit idéal pour regarder un match de football en grignotant des frites dans une ambiance animée. *Vinohradská 104, Žižkov • plan B6.*

7 Pastička
Croisement réussi entre un bar à l'ancienne et un pub branché, la « Souricière » sert une bière Bernard blonde et brune et des plats consistants. *Blanická 25, Vinohrad • plan B6.*

8 La Tonnelle
Cette œnothèque bon marché est un haut lieu de la vie nocturne de la communauté francophone, surtout les soirs où joue un orchestre tsigane. Étonnants vins de table à accompagner d'une assiette de fromage ou de charcuterie. *Anny Letenské 18, Vinohrady • plan B6.*

9 Hlučná samota
Ce bar raffiné nommé d'après le roman de Bohumil Hrabal *Une trop bruyante solitude (p. 45)* se distingue par la qualité de la bière et des plats. *Zahřebská 14, Vinohrady • plan B6.*

10 Hapu
Au cœur du Žižkov prolétaire, enfoncez-vous dans un sofa pour déguster un daiquiri ou un dry martini. Attention, la salle minuscule se remplit vite. *Orlická 8, Žižkov • plan B6.*

Catégories de prix

Pour un repas avec entrée, plat, dessert et demi-bouteille de vin (ou repas équivalent), taxes et service compris.		
	K	moins de 300 Kč
	KK	300 Kč-500 Kč
	KKK	500 Kč-700 Kč
	KKKK	700 Kč-1 000 Kč
	KKKKK	plus de 1 000 Kč

Ci-dessus **Il Ritrovo**

TOP 10 Restaurants

1 Il Ritrovo

Aucun des plats de pâtes fraîches préparés en famille dans cette *spaghetteria* ne vous décevra. *Lublaňská 11, Vinohrady • plan B6 • 224 261475 • AH •* **KK.**

2 Olympos

Le meilleur restaurant grec de Prague possède une salle peinte en trompe-l'œil et un grand jardin où dîner en été. Essayez l'assortiment de grillades. *Kubelíkova 9, Žižkov • plan B6 • 222 722239 • AH •* **KK.**

3 Mailsi

Meilleur marché que les restaurants indiens du centre, ce petit restaurant pakistanais proche de l'arrêt du tram n° 9 est assez accessible. *Lipanska 1, Žižkov • plan B6 • 222 717783 • pas de cartes de paiement •* **KK.**

4 Rana

Quand Mehfooz Ahmed a vendu le Mailsi à son frère, ses fidèles l'ont suivi car il fait les meilleurs currys de la ville. Il faut vraiment aimer le piment pour s'attaquer au vindaloo. *Na Dědince 12, Palmovka • 721 809084 • pas de cartes de paiement • AH •* **K.**

5 Hanil

Si vous vous sentez pris d'une envie irrépressible de sushis, choisissez un des plats japonais et coréens du Hanil. *Slavíkova 24, Žižkov • plan B6 • 222 715867 • pas de cartes de paiement • AH •* **KK.**

6 Hotel Diana

Le meilleur restaurant de gibier de Prague se trouve loin du centre. Ne manquez pas la *kulajda*, une soupe aux pommes de terre et à l'aneth, et essayez le sanglier. *Hůrská 12, Prague 14 • 266 610060 •* **KK.**

7 Restaurant Voyta

L'élégant restaurant de l'hôtel Voyta est une adresse jalousement gardée par les gourmets locaux. En savourant plats tchèques et continentaux sous de grands châtaigniers, vous comprendrez pourquoi. *K Novému dvoru 124, Prague 4 • 261 711307 •* **KKKK.**

8 U Cedru

« Au Cèdre » permet de faire un authentique repas libanais. *Národní Obrany 27 13, Dejvice • 233 342974 •* **KKK.**

9 Ambiente

Il faut réserver pour savourer des plats américains – steaks, salades et travers de porc. La carte change régulièrement, mais inclut toujours la fondue au chocolat. *Mánesova 59, Vinohrady • plan B6 • 222 727851 •* **KK.**

10 Rudý Baron

Malgré quelques écarts européens comme un steak aux truffes, la cuisine reste principalement américaine. *Korunní 23, Vinohrady • plan B6 • 222 514485 • AH •* **KK.**

***Remarque** : sauf indication contraire, tous les restaurants acceptent les cartes de paiement et proposent des plats végétariens.*

MODE D'EMPLOI

Gauche **Aéroport Ruzyně** Droite **Gare centrale Hlavní Nádraží**

Top 10 Aller à Prague

1 En avion

Plus de 40 compagnies aériennes desservent l'aéroport international de Prague, dont la compagnie nationale tchèque ČSA, membre de l'alliance Sky Team avec Delta, Air France et Alitalia, et la compagnie à bas coût *(low cost)* Easyjet. *ČSA : 239 0007007 ; www.csa.cz • Easyjet : www.easyjet.com.*

2 Vols à prix réduit et forfaits

L'Internet est devenu un moyen très pratique de dénicher de bonnes affaires en matière touristique. Parmi les nombreux sites généralistes proposant des promotions sur des vols secs et des séjours « tout-compris », Promovacances.com et Lastminute.com comptent parmi les plus performants. Ne négligez pas pour autant les agences de voyages : elles ont accès à des offres qui n'apparaissent pas sur l'Internet.

3 Aéroport Ruzyně

Situé à 15 km au nord-ouest du centre, l'unique aéroport international de Prague propose tous les services tels que bureau de change et agences de location de voiture et de chambres d'hôtel. Pour gagner le centre-ville, les minibus de la société Čedaz partent toutes les demi-heures à destination des stations de métro Dejvická et Námesti Republiky. Très économique, l'autobus municipal 119 dessert aussi Dejvická. Les taxis de Prague ont mauvaise réputation. Un prix fixe a été établi pour la course jusqu'au centre. Renseignez-vous avant de sortir de l'aéroport.

4 En car

Il faut compter entre 15 et 16 heures pour rejoindre Prague en autocar depuis Paris. Métro et tramways desservent la gare routière de Florenc.

5 En voiture

Les permis de conduire canadien et européens sont acceptés en République tchèque. La carte verte doit spécifier sa validité dans le pays. Il vous faudra acquérir au poste frontière la vignette obligatoire pour circuler sur les autoroutes et routes à quatre voies. La loi tchèque interdit de prendre le volant avec la moindre trace d'alcool dans le sang.

6 En train

Prague n'est pas facilement accessible en train depuis les pays francophones. Au départ de Paris, le trajet impose un changement en pleine nuit à Francfort, et le voyage dure en tout plus de 15 heures.

7 Douane

Les visiteurs étrangers sont autorisés à importer sans payer de frais de douane des biens allant jusqu'à une valeur de 3 000 Kč, ainsi que 250 cigarettes (ou leur équivalent en tabac), 1 litre de spiritueux et 2 litres de vin.

8 Immigration

Les membres de l'Union européenne n'ont besoin que d'une carte d'identité valide pour se rendre en République tchèque. Aucun visa n'est requis des citoyens canadiens et suisses, mais ils doivent posséder un passeport. Il peut être demandé aux étrangers de justifier de moyens suffisants pour couvrir les frais de leur séjour.

9 Quand partir

Prague est belle toute l'année, y compris l'hiver sous la neige. C'est au printemps et en été qu'elle attire le plus de touristes. Les tarifs de basse saison ont cours de septembre à mars, hormis pendant la période de Noël.

10 Déclaration de séjour

Les visiteurs étrangers sont tenus de déclarer leur séjour aux autorités dans les trois jours (30 jours pour les citoyens de l'U E). Les hôtels et les campings effectuent directement cette déclaration.

Gauche **Station de métro** Droite **Bus**

TOP 10 Circuler à Prague

1 En métro

Efficace et rapide, le métro offre le moyen le plus confortable de se déplacer, de 5 h à minuit, dans le centre-ville. Sur les plans, des couleurs distinguent les trois lignes : A (vert), B (jaune) et C (rouge). Des distributeurs automatiques permettent de se procurer les tickets, valables sur tous les transports publics. Ils doivent être compostés avant d'accéder au quai. Des contrôleurs en civil effectuent des rondes fréquentes.

2 En tramway

Le réseau de tramway est beaucoup plus dense que celui du métro et utilise les mêmes tickets. Il faut les acheter à l'avance et les composter en montant à bord. Signalées aux arrêts par des nombres bleus, les lignes 51 à 58 restent en fonction toute la nuit.

3 En bus

Interdits dans le centre-ville pour limiter la pollution, les autobus servent principalement à se rendre en périphérie et en banlieue.

4 En taxi

Les chauffeurs de taxi pragois ont acquis une réputation exécrable *(p. 129)*, mais la plupart des compagnies sont aujourd'hui dignes de confiance. Le plus simple consiste donc à ignorer les files qui attendent dans les principaux lieux touristiques, et à commander une voiture par téléphone (votre hôtel vous indiquera des numéros). En toutes circonstances, refusez de monter dans un véhicule dénué de lanterne, et assurez-vous que le compteur tourne. En cas de litige, exigez un reçu avant de payer : le numéro inscrit sur les portières doit y figurer.

5 En voiture

Le centre de Prague ne se prête absolument pas à une découverte en voiture. De surcroît, le stationnement dans le premier arrondissement est réservé à ses habitants, et il vous faudra vous garer en dehors si vous ne voulez pas être obligé d'aller récupérer votre véhicule à la fourrière.

6 À pied

La marche offre le meilleur moyen d'apprécier Prague. Le centre ne mesure que 4 km d'un bout à l'autre, et plusieurs sites historiques, dont le château *(p. 8-11)* et la place de la Vieille-Ville *(p. 14-17)*, se trouvent dans des zones piétonnières. Prévoyez de bonnes chaussures pour arpenter les pavés, et gardez l'œil sur les tramways qui circulent au milieu de la chaussée.

7 En bateau

Des vedettes proposent des croisières sur la Vltava au départ des ponts Čechův et Palackého. Vous pouvez aussi louer des barques près du pont Charles.

8 En calèche

Les attelages en attente sur la place de la Vieille-Ville permettent des promenades touristiques dans les rues avoisinantes, le moyen d'apporter avec légèreté une conclusion romantique à un dîner en tête-à-tête.

9 À bicyclette

Les adeptes de la petite reine ne disposent pas de pistes cyclables dans la capitale tchèque et doivent donc partager la chaussée avec les voitures et les tramways dont les rails ajoutent aux difficultés déjà créées par les pavés. Il existe des visites guidées de la ville en vélo. Le Service d'information de Prague vous renseignera *(p. 128)*.

10 Visites guidées

De nombreuses compagnies proposent des visites organisées de Prague ou de châteaux des environs. Le Service d'information de Prague tient à jour le détail des offres. De Pâques à fin octobre, aucune n'est meilleur marché qu'une promenade dans le tram historique n° 91 *(p. 55)*.

Gauche **The Prague Post** Droite **Bureau du Service d'information de Prague**

TOP 10 Sources d'information

1 Service d'information de Prague

Le PIS, pour Prašká Informační Službá, possède plusieurs bureaux dans le centre-ville et tient à jour une liste exhaustive des manifestations culturelles prévues, depuis les soirées en discothèque jusqu'aux expositions d'art. Parmi les brochures et cartes mises à disposition des visiteurs, vous trouverez un programme mensuel. Les documents les plus intéressants sont le *Guide officiel de la capitale Prague* en français, et, pour les personnes circulant en voiture, la carte *Parking à Prague*. Le personnel vous fournira également des renseignements, entre autres, sur les hébergements, les transports et les points d'accès à l'Internet.
Service d'information de Prague (PIS) : Staroměstské naměstí 2 et Na příkopě 20 • 12 444 • www.pis.cz.

2 Čedok

Implantée dans tout le pays, l'ancienne agence de voyages nationale propose une large gamme de services et d'informations sur les hébergements, les réservations de places de spectacle ou les visites guidées.
Čedok : Na příkopě 18 • 24 19 71 11.

3 The Prague Post

Vendu par presque tous les marchands de journaux de la capitale tchèque, cet hebdomadaire en langue anglaise existe depuis plus de dix ans.
Ses articles généraux offrent un panorama bien informé de la vie sociale, économique et politique du pays. Le cahier loisirs, avec son programme des manifestations culturelles et ses critiques de spectacles, de films ou de restaurants, justifie à lui l'achat de l'hebdomadaire.

4 Internet

Si vous tapez le mot « Prague » dans n'importe quel moteur de recherche, vous obtiendrez facilement les liens vers d'innombrables sites riches en informations de toutes sortes, de la météo au logement chez l'habitant, en passant par les services consulaires. L'Internet fournit ainsi une aide précieuse pour préparer son voyage.

5 Radio Prague

Cette antenne de la radio nationale tchèque diffuse des émissions en anglais sur 92,7 MHz, et des bulletins d'informations le matin et le soir sur la longueur d'ondes FM de la BBC. Elle possède un excellent site Internet en français à l'adresse www.radio.cz/fr.

6 Radios étrangères

Radio-France Internationale émet en français sur 99,3 MHz, et le BBC World Service en anglais sur 101,1 MHz.

7 Think

Cette publication gratuite, l'un des nombreux magazines « alternatifs » imprimés à Prague, couvre la scène des clubs depuis plus de cinq ans. Sa lecture est indispensable au visiteur désireux de s'informer sur la vie nocturne de Prague.

8 Prague Tribune

Ce mensuel anglo-tchèque des affaires et des loisirs comprend d'intéressantes interviews et rubriques culturelles et gastronomiques.

9 In Your Pocket

Publication mensuelle de petit format au nom évocateur, ce nouveau magazine de programmes en anglais répond avec compétence aux priorités des visiteurs de passage.

10 Prahabulletinboard

Un gentleman excentrique utilise le pseudonyme d'« Uncle Curt » pour signer les messages en anglais de ce service gratuit par e-mail. Pragois et visiteurs lisent ces annonces qui révèlent un aspect intime de la vie dans la capitale tchèque.

Gauche **Sur le pont Charles** Droite **File de taxis sur un lieu touristique**

TOP 10 À éviter

1 Le pont Charles en milieu de journée

Si vous n'éprouvez pas de faible particulier pour les bains de foule, sachez qu'il devient difficile de se déplacer sur ce célèbre ouvrage d'art *(p. 18-19)* à partir de 10 h, en particulier en été. Les lève-tôt l'ont pratiquement pour eux seuls au lever du soleil.

2 Les pickpockets

Ils officient dans les sites touristiques, et dans les tramways et rames de métro. Les sacs dits « banane » semblent avoir été inventés pour leur faciliter la tâche. Gardez de préférence vos papiers et votre argent dans une poche ou une ceinture passée sous un vêtement. Disposer de photocopies des documents importants est une sage précaution.

3 Les chauffeurs de taxi peu scrupuleux

Les taxis ont à Prague une réputation exécrable. Le meilleur moyen d'éviter un problème consiste à en commander un par téléphone auprès d'une compagnie fiable *(p. 127)*. Évitez les véhicules marqués « Transport », et assurez-vous que le chauffeur met le compteur. N'hésitez pas descendre dans le cas contraire.

4 Les tarifs « touristes »

Alors que la loi interdit de faire payer plus cher les étrangers, de nombreux établissements, dont le Musée juif *(p. 99)*, accordent aux Tchèques une remise de 50 %. Faire savoir que l'on connaît la pratique ne garantit pas d'en éviter les conséquences.

5 Les tramways déroutés

Les nombreux travaux effectués dans les rues de Prague entraînent des changements dans les itinéraires des tramways. *The Prague Post* en fournit la liste. Les horaires des trams déroutés sont en jaune plutôt qu'en blanc.

6 Les crottes de chien

Les autorités municipales ont depuis longtemps cessé d'essayer de recenser la population canine de la ville, d'éliminer efficacement ses déjections, ou même d'imposer un peu de discipline à leurs propriétaires. Mieux vaut regarder où l'on marche.

7 Les prostitués

Il arrive assez fréquemment que les personnes des deux sexes pratiquant la prostitution à Prague droguent la boisson de leurs clients pour les dévaliser.

8 Bars « non-stop » et *herna*

La capitale tchèque manque de bars fréquentables restant ouverts jusqu'au petit matin, et des individus peu recommandables hantent ceux qui affichent les mots « non-stop » et *« herna »*, ces derniers établissements abritant des machines à sous. Les noctambules ont plutôt intérêt à payer le droit d'entrée, relativement bon marché, d'une boîte de nuit.

9 Les skinheads

Comme dans beaucoup d'autres pays d'Europe, de jeunes fanatiques d'extrême-droite au crâne rasé sévissent en République tchèque. La fréquence des actes de violence gratuits contre des personnes de couleur a augmenté depuis 1989, mais les risques restent réduits dans les principales zones touristiques.

10 Les intoxications alimentaires

Les cas de troubles digestifs causés par de la nourriture de mauvaise qualité n'ont rien d'inhabituels à Prague. Les stands vendant des snacks dans la rue en sont les principaux responsables. Méfiez-vous des en-cas à base de poisson et d'œufs, et de ceux contenant de la mayonnaise.

Gauche **Enseigne de pension** Droite **The Globe Bookstore**

TOP 10 Infos « hébergement »

1 Prix de basse saison
La haute saison touristique dure approximativement d'avril à septembre, avec une nouvelle flambée des prix pour les fêtes de Noël et du Nouvel An. Une société de réservation propose depuis peu des tarfis de dernière minute dans toute la République tchèque. Vous pourrez découvrir les options disponibles à l'adresse Internet : www.accomgroup.com.

2 Logement hors du centre
Les hôtels sont chers à Prague, et vous ferez d'importantes économies en louant une chambre dans un quartier situé en périphérie, mais bien desservi par les transports en commun, comme Žižkov, Karlín, Smíchov et Holešovice *(p. 114-117).*

3 Annonce
Louer une chambre ou un appartement est de loin l'option la plus économique pour un séjour d'une certaine durée. *Annonce,* publication quotidienne, offre un excellent moyen de dénicher le logement, en location courte ou longue, qui réponde à vos besoins. Mais vous devrez trouver quelqu'un qui accepte de vous traduire les annonces, pour la plupart en tchèque, de ce petit journal.

4 Prestations
Si vous ne descendez pas dans un hôtel de chaîne, et restez dans une gamme de tarifs peu élevés, vous risquez d'avoir des mauvaises surprises – pas de salle de bains, ou absence de serviettes-éponge dans la salle de bains quand celle-ci existe.

5 À éviter
Si vous n'avez pas réservé de chambre avant le départ, adressez-vous à une agence de réservation. La plupart proposent aussi des hébergements chez l'habitant. Ne vous fiez pas aux racoleurs qui opèrent à l'aéroport et dans les gares ferroviaire et routière.

6 Stationnement
Si votre hôtel ne possède pas de parking et qu'il est dans le centre-ville, demandez à la réception de vous indiquer où vous pouvez vous garer dans un espace autorisé. Ne laissez jamais d'objets de valeur dans votre voiture.

7 Animaux de compagnie
Les Pragois apprécient les animaux de compagnie, et beaucoup d'hôtels les acceptent. Renseignez-vous en réservant. C'est une bonne nouvelle pour les propriétaires d'un chat ou d'un chien mais une mauvaise pour les personnes allergiques. Celles-ci doivent vérifier que la chambre ne vient pas d'avoir un occupant dont elles ne supportent pas les poils.

8 Sécurité
Tout visiteur en déplacement dans un pays étranger se doit de prendre quelques précautions de bon sens, comme éviter de laisser des objets précieux ou de l'argent liquide dans sa chambre. Les meilleurs hôtels possèdent des coffres où l'on peut les déposer.

9 Locations courtes d'appartement
Pour un séjour d'une semaine ou plus, la location d'un appartement est une option intéressante. Le Service d'information de Prague, et l'agence de voyages Čedok, vous aideront à trouver un logement conforme à vos souhaits *(p. 128).*

10 Locations longues d'appartement
Les agences immobilières prennent en général une commission équivalant à un mois de loyer. Pour vous adresser directement à un propriétaire, ou trouver une sous-location, essayez le journal *Annonce* ou les messages affichés à The Globe Bookstore *(p. 106).*

Hôtels à Prague **p. 138-147**

Gauche **En-cas végétariens** Droite **À la terrasse d'un café**

TOP 10 Infos « restaurants »

1 Manger végétarien

Alors qu'il était difficile, il y a quelques années, de faire à Prague un repas sans viande ni produits laitiers, de nouveaux établissements comme le Dahab offrent aujourd'hui un choix étendu. De même, de plus en plus de restaurants s'efforcent de mettre au moins quelques plats végétariens à leur carte. Mais vos légumes seront peut-être saupoudrés de fromage. *Dahab : Dlouhá 33 • plan M2 • 224 827375 •* **KK.**

2 Commander

Dans beaucoup de restaurants populaires, le repas composé de plusieurs plats reste une nouveauté. Précisez que vous voulez votre hors-d'œuvre *(jako pšedkrm)* avant le plat principal. Vous devrez commander les salades et les légumes à part, et vous montrer précis dans votre commande si vous ne voulez pas que votre steak soit trop cuit.

3 Payer

Tous les restaurants n'acceptent pas les cartes de paiement, et beaucoup refusent les chèques de voyage. Pour obtenir la note, il vous suffira de dire *zaplatím* au serveur. En groupe, on peut régler *zvlášť* (séparément), ou *dohromady* (tous ensemble).

4 Pourboire

Si un pourboire de 10 à 15 % de la note est devenu d'usage dans les restaurants, on peut se contenter d'arrondir celle-ci dans les brasseries. Plutôt que de déposer l'argent sur la table, indiquez au serveur combien vous voulez lui laisser.

5 Réserver

Mieux vaut réserver dans les établissements les plus en vogue. Dans beaucoup de restaurants, il est courant que les personnes seules se joignent à d'autres à une table. Pour demander si une place est libre, dites : *« Je tu volno? »*

6 Tabac

Peu de restaurants de Prague sont non-fumeurs. Vous respirerez librement au Country Life et au Lotos, tous deux végétariens. *Country Life : Melantrichova 15 ; plan L4 ; 224 213366 ;* **K** *; et Jungmannova 1 ; plan M6 ; 257 044419 ;* **K** *• Lotos : Platnéřská 13 ; plan K4 ; 222 322390 ;* **K.**

7 Dîner tard

À moins de vous tourner vers les stands de saucisses de la place Venceslas, ou de résider dans un hôtel offrant un service en chambre 24h/24, vous aurez du mal à combler une faim nocturne. La boîte de nuit Radost *(p. 111)* sert jusqu'au petit matin.

8 Petit déjeuner

Le prix des chambres d'hôtel comprend en général un petit déjeuner continental. Des bars irlandais comme le James Joyce et le Caffrey's proposent des plats plus consistants pour débuter la journée. De plus en plus de cafés ont mis l'*hemenex* (œufs au bacon) à leur carte, mais ils ouvrent rarement avant 9h. *James Joyce : Liliová 10 ; plan K5; 224 248793 ;* **K** *• Caffrey's : Staroměstské náměstí 10 ; plan M3 ; 224 828031 ;* **K.**

9 Brunch

Le week-end à midi, beaucoup de restaurants grastronomiques ont adopté la tradition américaine du brunch – repas entre le petit déjeuner et le déjeuner. Ces formules offrent un moyen économique de découvrir des établissements de luxe. Pour un buffet, mousseux et musiciens de jazz compris, vous devrez débourser environ 500 Kč.

10 Classification

Le système tchèque de classification des restaurants ayant une licence d'État les répartit en trois catégories, la première correspondant aux meilleures prestations. Ce classement ne donne toutefois aucune indication sur la qualité réelle de la cuisine.

Catégories de prix des restaurants **p. 79**

Gauche **Boutique d'antiquités** Droite **Bouquiniste**

TOP 10 Comment acheter

1 Cartes de paiement
Vous pourrez payer par cartes de paiement surtout dans les magasins de luxe et les commerces liés au tourisme. Les établissements affichent à l'entrée les cartes acceptées.

2 Achats détaxés
Les citoyens des pays n'appartenant pas à l'Union européenne ont droit au remboursement de l'équivalent tchèque de la TVA sur des achats de plus de 2 500 Kč, et après le passage en douane. Ce remboursement peut être effectué à l'aéroport Ruzyně *(p. 126)*.

3 Paniers et sacs
Vous trouverez en général des paniers et des chariots à l'entrée des magasins d'alimentation, même minuscules. On vous fera parfois payer les sacs dans lesquels vous emporterez vos achats.

4 Monnaie
Les commerçants pragois manifestent une aversion troublante pour les mathématiques et tiennent à ce que les clients leur donnent le compte exact, jusqu'au dernier heller. Il arrive même que les magasins les plus petits refusent catégoriquement les billets de plus de 1 000 Kč.

5 Boutiques spécialisées
Des chaînes internationales comme Tesco et Carrefour ont répandu l'usage des grandes surfaces réunissant des articles de toutes sortes, mais la capitale tchèque reste une ville attachée à ses commerces spécialisés. Un *papírnictví* vend la gamme complète des produits déclinés à partir du papier, du cahier au mouchoir jetable, tandis qu'il vous faudra pousser la porte d'un *hodinářství* pour trouver un réveil.

6 Manger bon marché
Si votre budget ne vous permet pas les buffets et libre-service *(p. 133)*, sachez qu'une miche de pain au levain coûte moins de 10 Kč. Partout en ville, il existe des vendeurs de *grilované kuře* (poulet rôti). Il est possible d'en prendre un quart ou un demi à déguster sur place.

7 Légumes frais
La cuisine traditionnelle tchèque fait peu usage des légumes, mais leur consommation augmente dans le pays depuis l'ouverture à l'Occident. Les grands supermarchés privilégient souvent la quantité à la qualité. Vous bénéficierez d'un meilleur choix sur des marchés comme celui d'Havelská *(p. 56)*.

8 Antiquités
Les marchands d'antiquités et de brocante abondent dans le centre-ville, mais vous bénéficierez d'un choix plus large et de meilleurs prix en élargissant votre rayon d'action. Certains objets de grande valeur nécessitent un permis à l'exportation. Demandez au vendeur. Si vous cherchez des souvenirs de l'époque soviétique, sachez que vous trouverez surtout des reproductions.

9 Livres
L'importance de la communauté anglo-saxonne installée à Prague fait qu'on y trouve des livres en anglais dans des points de vente comme Anagram ou Big Ben. Pour des ouvrages en français, essayez la librairie Seidl et l'Institut français *(p. 135)*.
Anagram : Týn 4, plan M3 • Big Ben: Malá Štupartská 5; plan M3 • Knihkupectví Seidl : Štěpánská 26 ; plan F5.

10 Contrefaçons
Comme dans beaucoup d'autres grandes villes, les tenues de sport Adidas ou les sous-vêtements Calvin Klein proposés dans la rue ont peu de chances d'être authentiques. La loi française considère désormais la possession de contrefaçons comme du recel.

Visa, MasterCard et American Express sont les cartes les plus largement acceptées.

Gauche **Billets de musées** Droite **Boîte de nuit Guru**

TOP 10 Prague à bon marché

1 Transports publics

Des forfaits de 24 heures, 3 et 7 jours offrent un accès illimité au métro, aux tramways et aux bus. Il faut valider la carte au premier usage et ne pas oublier de la signer au dos. Des inspecteurs en civil effectuent des contrôles surprise et peuvent exiger une amende allant jusqu'à 800 Kč.

2 Opéra

Malgré la fin du communisme, l'opéra de Prague contine de défier la loi de l'offre et de la demande, et même les meilleures places restent bon marché selon des normes occidentales. Il est également possible d'acheter des billets debout et de se glisser dans un fauteuil vide, s'il en reste, au moment de l'ouverture.

3 Concerts

Le parrainage privé et d'État permet à des formations comme l'Orchestre de la radio tchèque et l'Orchestre symphonique de Prague de se produire régulièrement sans qu'il en coûte aux spectateurs plus de quelques centaines de couronnes.

4 Bière

Une pinte d'un demi-litre de bière à la pression revient rarement à plus de 30 Kč. On peut même dans le centre n'avoir à débourser que 20 Kč. Dans des quartiers populaires comme Žižkov *(p. 116)*, les prix descendent jusqu'à 12 Kč la pinte.

5 Alimentation

De nombreux buffets et libre-service permettent de manger pour un prix très bas – plus bas que dans une brasserie. Prenez un plateau et votre dictionnaire de tchèque, et glissez-vous dans la file. Un déjeuner, bière comprise, devrait vous coûter moins de 150 Kč.

6 Hébergement

Presque toutes les auberges de jeunesse possèdent quelques petites chambres pour deux et même une personne *(p. 144)*. Beaucoup d'agences de réservation permettent de louer, à la semaine ou à la nuitée, des chambres chez l'habitant *(p. 146)*. Consultez aussi les annonces affichées à The Globe Bookstore *(p. 106)* et à la boîte de nuit Radost *(p. 111)*.

7 Circuler en République tchèque

Les étudiants et les enseignants ont droit à des réductions sur les billets d'autocars et de trains, et sur les vols de GTS International. ✆ *GTS International : Ve 33 ; plan G5 ; 257* 187100 • *www.gtsint.cz.*

8 Visites guidées

Plutôt que de payer pour découvrir Prague en groupe et en écoutant un commentaire standardisé, essayez de lier connaissance avec l'un des jeunes Tchèques qui fréquentent le café de l'Institut français *(p. 78)*. Il vous donnera une vision plus intime de la ville, et profitera de son côté d'une leçon de français. Avantage supplémentaire, vous verrez ainsi une grande partie du château de Prague sans bourse délier.

9 Boîtes de nuit

Le Karlovy Lázně, le Radost et le Roxy imposent un droit d'entrée d'au moins 200 Kč le week-end, mais même ces grands clubs ont des soirées gratuites en semaine. Des boîtes plus petites et plus éloignées du centre comme l'Akropolis, le Guru et Industry 55 pratiquent des tarifs inférieurs *(p. 66-67)*.

10 Prague Card

Disponible dans de nombreux points de vente, ce forfait de la municipalité de Prague inclut trois jours de libre circulation sur les transports publics, une assurance, l'accès gratuit à certains monuments et de multiples réductions et avantages. ✆ *www.praguecard.info.*

Gauche **Náměstí Republiky, point de départ de visites en bus** Droite **Jardin Wallenstein**

TOP 10 Prague pour les handicapés

1 Transports publics

Les autorités commencent à se préoccuper des besoins des handicapés. Si parmi les stations de métro les plus récentes un grand nombre est équipé d'ascenseurs et de signaux sonores pour les aveugles, les plus anciennes restent, pour la plupart, inaccessibles. Des rues pavées et des tramways en majorité inadaptés compliquent encore la tâche des personnes en fauteuil roulant.

2 Barrier-Free Prague'

Cette brochure gratuite disponible à l'Association pragoise des utilisateurs de fauteuil roulant détaille quatre parcours de visite et fournit une liste de musées, de monuments, de restaurants, de toilettes publiques et de boutiques accessibles.

3 Association pragoise des utlisateurs de fauteuil roulant

Le siège se trouve près de Náměstí Republiky. Vous pourrez vous y procurer la brochure citée plus haut, et obtenir des informations diverses auprès de personnes parlant l'anglais.
Association pragoise des utilisateurs de fauteuil roulant : Benediktská 6 • plan N2 • 224 827210 • www.pov.cz.

4 Autobus

Il n'existe que deux bus dédiés aux handicapés à Prague, et ils présentent peu d'intérêt. Beaucoup d'autres ont des rampes d'accès, mais ils desservent, eux aussi, des quartiers périphériques.

5 Visites guidées

Des bus à impériale partant de la place de la Vieille-Ville *(p. 14-17)* et de Náměstí Republiky offrent un bon moyen d'avoir une vue d'ensemble de la cité sans devoir se soucier des difficultés de déplacement. Un commentaire enregistré en plusieurs langues présente les sites et les monuments.

6 Sites de visite accessibles

Comme nous l'avons vu plus haut, la capitale tchèque est peu accessible aux handicapés. Les sites suivants sont au moins partiellement ouverts aux fauteuils roulants, même s'il peut parfois être problématique de les atteindre : cathédrale Saint-Guy *(p. 12-13)*, palais royal *(p. 8-11)*, hôtel de ville de la Vieille-Ville *(p. 16-17)*, Théâtre national *(p. 64)*, jardin Wallenstein *(p. 40)*, jardin franciscain *(p. 105)*, Maison municipale *(p. 72)*, église Saint-Jacques *(p. 74)* et théâtre des États *(p. 65)*.

7 Réductions

Les personnes souffrant de problèmes d'ouïe bénéficient de prix d'entrée réduits dans la plupart des sites et monuments.

8 Hôtels

Rampes et ascenseurs équipent la plupart des hôtels les plus récents. Mais ces derniers possèdent en général peu de chambres adaptées, excepté le Hilton qui en renferme quinze *(p. 139)*. L'Association pragoise des utilisateurs de fauteuil roulant tient à jour une liste d'hébergements.

9 Chiens d'aveugle

Les malvoyants sont autorisés à pénétrer avec leur chien dans les banques, les bâtiments administratifs, les monuments historiques et les transports publics. Il est important de noter que les déjections du reste de la population canine de Prague risquent de leur poser un réel problème.

10 Autres sources

Deux autres institutions peuvent aussi fournir des informations utiles aux visiteurs étrangers. *Union tchèque des malentendants : Havl1ičkova 4 ; plan G2 ; 224 816559 • Organisation unie des aveugles et malvoyants : Krakovská 21 ; plan G5 ; 221 462146 ; www.braillnet.cz.*

Gauche **Institut Goethe** Droite **Université Charles**

TOP 10 Étudier à Prague

1 Cours de tchèque

Outre l'université Charles, de grandes écoles internationales comme Berlitz proposent des cours de tchèque destinés à des étrangers. Une initiation intensive de quatre semaines coûte moins de 5 000 Kč. ⓢ *Berlitz : SF Servis • Náměstí Jana Palacha 2 • plan K3 • 222 319645 • http://ubs.ff.cuni.cz.*

2 Institut Goethe

L'allemand reste la langue étrangère la plus parlée à Prague, et un séjour dans la capitale tchèque offre l'occasion d'améliorer sa pratique. Un cours de cinq mois coûte 4 000 Kč. ⓢ *Goethe-Institut Prag : Masarykovo nabřeží 32 • plan E5 • 221 962111 • www.goethe.de/ms/pra.*

3 Institut français

Les enseignements variés dispensés par la délégation culturelle française de Prague, par exemple en histoire, en art, en littérature et en création littéraire, offrent un bon moyen de nouer des liens enrichissants avec des Pragois francophiles. ⓢ *Institut francais de Prague : Štěpěnská 35 • plan F5 • 222 232995 • www.ifp.cz.*

4 Anglo-American College

Les diplômes de droit, de gestion d'entreprise et de sciences politiques de cet institut supérieur d'enseignement sont internationalement reconnus. On peut également suivre des cours, eux aussi en anglais, de journalisme et de connaissance de l'Europe de l'Est. ⓢ *Anglo-American College : Lázeňská 4 • plan D3 • 5753 0202 • www.aac.edu.*

5 Université Charles

La plus vieille université d'Europe centrale accueille gratuitement les élèves étrangers capables de suivre les programmes en tchèque. Les quelques cours en anglais, donnés notamment l'été, sont payants. ⓢ *Univerzita Karlova v Praze: Ovocný trh 5 • plan N4 • 2449 1111 • www.cuni.cz.*

6 Centre pragois d'éducation continue

Fondée en 1995, cette institution propose plus de vingt programmes d'enseignement aux thèmes variés, depuis la technologie de l'information jusqu'à l'apprentissage, ou le perfectionnement, de la pratique du tchèque. Six semaines de cours coûtent 4 000 Kč, et les étudiants, les enseignants et les groupes bénéficient de réductions. ⓢ *Centre pragois d'éducation continue : www.prague-center.cz.*

7 Lycée français

L'enseignement, dans des classes qui vont de la maternelle au baccalauréat, s'inscrit dans un cadre bilingue et biculturel. Les enfants des expatriés y ont pour camarades de jeunes Tchèques. ⓢ *Lycée français de Prague : Drtinova 7 • 257 317611 • www.lfp.cz.*

8 International School of Prague

Cet école américaine fondée en 1948 reçoit des élèves de 3 à 18 ans et prépare au baccalauréat international. ⓢ *International School of Prague: www.isp.cz.*

9 Riverside School

Ce centre d'enseignement privé d'esprit chrétien reçoit des enfants de 3 à 18 ans, et les forme en anglais au programme éducatif britannique. ⓢ *Riverside School : www.riversideschool.cz.*

10 Cours de conduite

Les résidents de longue durée doivent passer le permis tchèque pour pouvoir continuer à conduire. Quelques auto-écoles comme Autoškola Dejvice et Autoškola Ing. Ondšej Horázny donnent des cours en anglais. ⓢ *Autoškola Dejvice : www.autoskola dejvice.cz • Autoškola Ing. Ondřej Horázny : www.horazny.cz.*

Gauche **Banque** Centre **Bureau de change** Droite **Logo de la poste**

TOP 10 Banque et communication

1 Monnaie

L'unité monétaire tchèque est la couronne (Kč), qui se divise en 100 hellers. Il existe des billets de 5 000 Kč, 2 000 Kč, 1 000 Kč, 500 Kč, 200 Kč, 100 Kč et 50 Kč. Ceux de 20 Kč sont de plus en plus rares. Les pièces ont une valeur de 1 Kč, 2 Kč 5 Kč, 10 Kč, 20 Kč et 50 Kč, ainsi que 50 hellers.

2 Banque

Les banques ouvrent habituellement de 8 h à 17 h du lundi au vendredi. Elles perçoivent de faibles commissions sur le change. La Živnostenská banka mérite aussi une visite pour son décor intérieur du tournant du XXe s. *Živnostenská banka : Na Příkopé 20 • plan P4.*

3 Bureaux de change

Les bureaux de change sont plus pratiques que les banques. Certains restent ouverts en permanence, ils acceptent les cartes de crédit les plus répandues et il y a rarement la queue. Cependant, ils prélèvent des commissions ou des frais, plus élevés, même si une affichette prétend le contraire. S'il vous reste des couronnes à la fin de votre séjour, mieux vaut les convertir avant de quitter le pays.

4 Distributeurs de billets

Ils se sont multipliés dans le centre, mais ils sont très souvent hors service *(mimo provoz)*. Les commissions perçues rendent plus intéressants les retraits importants. Soyez vigilant si vous retirez de l'argent de nuit.

5 Cartes de paiement

Les établissements fréquentés par une clientèle touristique acceptent en général les cartes des grands réseaux comme Visa et Mastercard. En revanche, il vous faudra presque toujours changer vos chèques de voyage. Ils constituent néanmoins le moyen le plus sûr de transporter de l'argent.

6 Téléphones

Les téléphones publics fonctionnent soit avec des pièces, soit avec des cartes *(telefonní karty)* vendues par les bureaux de poste et les marchands de journaux. Plus de 70 % des foyers tchèques possèdent un portable. Vous pourrez en louer un à l'aéroport Ruzyně *(p. 126)*.

7 Poste

La poste centrale mérite une visite juste pour son décor intérieur. Vous pourrez y recevoir du courrier en poste restante. Certains services comme la vente de cartes téléphoniques restent ouverts 24h/24. *Poste principale : Jindřišská 14 • plan P6 • 221 131111.*

8 Internet

Comme dans presque toutes les grandes villes, des Cybercafés ont ouvert partout à Prague. Comptez 60 Kč l'heure de connexion, avec un minimum d'un quart d'heure. Beaucoup d'étrangers surfent depuis The Golbe Bookshop *(p. 106)*.

9 Presse

Les anglophones trouveront dans *The Prague Post* une riche source d'informations sur l'actualité du pays et la vie culturelle de la capitale *(p. 128)*. Les kiosques de la place Venceslas vendent des quotidiens français. On peut aussi en consulter gratuitement à l'Institut français *(p. 135)*.

10 Radio et télévision

RFI, Radio Prague et la BBC diffusent des bulletins d'information en français et en anglais *(p. 128)*. La télévision publique tchèque programme un assez grand nombre de films étrangers en version originale, et les bouquets satellite reçus dans les hôtels comprennent le plus souvent la chaîne en français TV5.

Gauche **Ambulance** Centre **Poste de police** Droite **Enseigne de pharmacie**

TOP 10 Santé et sécurité

1 Numéros d'urgence

Si vous avez besoin d'une ambulance, appelez le 155. Vous obtiendrez la police au 158, et les pompiers au 150. Si vous parlez lentement et calmement en anglais, l'opérateur comprendra. Une bonne précaution consiste à garder sur soi le numéro de son ambassade.

2 Police

C'est un membre de la police nationale qui vous recevra si vous venez déclarer un problème, tel qu'un vol ou la perte de papiers, mais c'est en fait la police municipale, aux prérogatives plus importantes, qui constitue la principale force de maintien de l'ordre à Prague.

3 Délinquance

Outre des pickpockets qui sévissent dans les transports en commun et les sites touristiques *(p. 129)*, méfiez-vous des personnes qui vous proposent de changer de l'argent au marché noir : il s'agit toujours d'une escroquerie.

4 Médecins

L'ambassade de France recommande trois médecins agréés.
Dr Richard Stejskal : 602 834880 • Dr Vaclav Chytil : 603 849998 • Dr Michal Zitek : 603 448512.

5 Dentistes

En cas d'urgence dentaire, appelez le 2494 6981. Vous serez sûr d'être soigné par un praticien parlant au moins l'anglais en vous adressant à American Dental Associates ou à Millennium Dental Care.
American Dental Associates : V Celnicí 4 ; 221 181121 • Millennium Dental Care : V Celnicí 10 ; 221 033405 ; info@mdc.cz.

6 Pharmacies

Même les médicaments anodins comme l'aspirine doivent être achetés dans une *lékárna*. Une pharmacie ouvre le week-end dans le centre commercial Kotva, et une autre assure une permanence 24h/24 près de la place Venceslas. *Pharmacie ouverte 24h/24 : Palackého 5 ; 224 946982 • Kotva : Náměstí Republiky 8.*

7 Hôpitaux

De plus en plus, les services médicaux comprennent des professionnels parlant au moins l'anglais. En cas d'urgence, rendez-vous au dispensaire des étrangers de l'hôpital Na Homolce. Certaines cliniques comme le Canadian Medical Centre assurent également une permanence 24h/24.
Canadian Medical Centre : Veleslavínská 1 ; 253 360133 • Hôpital Na Homolce : Roentgenova 2 ; 257 271111.

8 Remboursements

S'ils veulent bénéficier de la prise en charge des soins, les ressortissants de l'Union européenne doivent se procurer avant le départ un formulaire E 111 auprès de leur caisse d'assurance maladie. Il est également recommandé de souscrire une assurance complémentaire prévoyant la couverture d'éventuels frais de rapatriement.

9 Sécurité alimentaire

Les cas d'intoxication alimentaire sont presque toujours bénins à Prague. Le plus grand risque encouru lors d'un séjour découle plutôt de la lourdeur de la cuisine traditionnelle tchèque. L'eau du robinet ne pose pas de problème, sauf parfois de goût. Les Pragois lui préfèrent en général l'eau en bouteille. Méfiez-vous de la bière, souvent plus forte que les marques répandues en Europe de l'Ouest.

10 Troubles respiratoires

Échapper à la tabagie indirecte s'avère presque impossible à Prague, où les restaurants et cafés non fumeurs sont rares. Entre octobre et mars, la pollution atmosphérique dépasse souvent les normes recommandées par l'OMS.

Gauche **Hotel Hoffmeister** Droite **Hotel Paríž**

TOP 10 Hôtels de luxe

1 Hotel Hoffmeister

Réputé pour sa table gastronomique et sa galerie de caricatures exécutées par le père du propriétaire, le tranquille et moderne Hoffmeister loue des chambres somptueusement meublées dans l'ombre du château de Prague. *Pod Bruskou 7 • plan D1 • 251 017111 • www.hoffmeister.cz • AH* • **KKKKK.**

2 U Zlaté studně

Contre le jardin Ledebour, une ancienne demeure de l'astronome Tycho de Brahe ménage une vue splendide. Il faut réserver tôt ses chambres toutes dotées de bains à remous et de mobilier Richelieu. *U Zlaté studně 4 • plan C2 • 257 011213 • www.zlatastudna.cz • pas de climatisation* • **KKKKK.**

3 Hotel U krále Karla

L'hôtel « Au Roi Charles » est situé dans un ancien monastère bénédictin au puits réputé au XVIe s. pour ses vertus curatives. Il offre tout le confort moderne dans un cadre baroque. *Úvoz 4 • plan B2 • 257 533594 • ukralekarla@romantichotels.cz • pas de climatisation* • **KKKKK.**

4 Hotel Pod věží

L'hôtel « Sous la Tour » garde le débouché du pont Charles dans Malá Strana. Du mobilier d'époque et d'agréables reproductions donnent du charme aux chambres. Les hôtes disposent de coiffeurs, de manucures et de masseuses. *Mostecká 2 • plan D3 • 257 532041 • www.podvezi.com • pas de climatisation* • **KKKKK.**

5 Four Seasons

Le luxe offert par cette succursale d'une chaîne internationale pourrait faire oublier que l'on se trouve à Prague, mais il suffit de faire quelques pas sur la terrasse au bord de la Vltava pour perdre tout doute. Le restaurant Allegro est l'un des meilleurs de Prague. *Veleslavínova 2a • plan K3 • 221 427000 • www.fourseasons.com • AH* • **KKKKK.**

6 Grand Hotel Bohemia

Cette grande dame construite en 1920 loue 78 chambres rénovées en 2002. C'est du huitième étage que s'ouvrent les plus belles vues. *Králodvorská 4 • plan P3 • 234 608111 • grandhotelbohemia.cz • AH* • **KKKKK.**

7 Dům u Karlova mostu

Également nommée Na Kampě 15, la « Maison au Pont Charles » est assez proche de la Vltava pour qu'on entende l'eau dévaler le barrage. Les chambres et les suites possèdent une chaleureuse décoration rustique. *Na Kampě 15 • plan D3 • 257 531430 • www.nakampe15.cz • pas de climatisation* • **KKKK.**

8 Hotel U Páža

Les murs aux couleurs vives contrastent avec le luxe suranné des meubles en bois sombre et des lustres en cristal. *U lužického semináře 32 • plan D2 • 257 533360 • hotelupava@romantichotels.cz* • **KKKK.**

9 Hotel Paříž

Ce bijou Art nouveau édifié en 1904 a conservé son cachet tout en intégrant des éléments de confort moderne comme de très grands lits et des salles de bains au sol chauffé. La suite de la tour Royale ménage un panorama de 360 °. *U Obecního domu • plan P3 • 222 195195 • www.hotel-pariz.cz* • **KKKKK.**

10 Hotel U Žluté boty

L'hôtel « À la Chaussure Jaune » loue un appartement et sept chambres (sans téléviseur), pour certaines lambrissées. Les enfants de moins de 3 ans ne paient pas. *Jánský Vršek 11 • plan B3 • 257 532269 • www.zlutabota.cz • pas de climatisation* • **KKKK.**

Sauf indication contraire, les hôtels acceptent les cartes de paiement et toutes les chambres disposent d'une salle de bains et sont climatisées.

Catégories de prix

Prix par nuit pour une chambre double avec petit déjeuner (s'il est inclus), taxes et service compris.		
	K	moins de 1 500 Kč
	KK	1 500 Kč-3 000 Kč
	KKK	3 000 Kč-4 500 Kč
	KKKK	4 500 Kč-6 000 Kč
	KKKKK	plus de 6 000 Kč

Ci-dessus **Holiday Inn**

TOP 10 Hôtels de chaîne

1 Hotel Ibis

Cet établissement moderne et sobre met l'accent sur le service et loue des chambres petites, propres et confortables destinées à des visiteurs qui ne souhaitent pas y passer leurs journées. *Šaldova 54, Prague 8 • 222 332800 • www.hotelibis.cz* • **KKK.**

2 Novotel

Le grand frère de l'Ibis offre un bon compromis entre luxe et prix, et possède un parking souterrain, une piscine, une petit salle de gymnastique, un piano-bar et un restaurant. Les enfants de moins de 16 ans partagent la chambre de leurs parents sans supplément. *Kateřinská 38 • 222 865777 • www.ibis.cz • AH* • **KKKK.**

3 Holiday Inn

Les conducteurs apprécieront le vaste garage et la station-service de cet hôtel récent, adjacent au palais des Congrès près de Vyšehrad. Demandez une chambre avec vue du château. *Na Pankráci 15 • plan B6 • 296 895000 • www.holidayinn.cz • AH* • **KKKKK.**

4 Hotel Meteor Plaza

Sur le site d'une auberge où logeaient au Moyen Âge les voyageurs qui trouvaient les portes de la ville closes pour la nuit, cet établissement abrite un club de forme doté de deux bains à remous. Pour un séjour d'une certaine durée, réservez la chambre 510. *Hybernská 6 • plan P4 • 224 192111 • www.hotel-meteor.cz* • **KKKKK.**

5 Prague Marriott

Lumineux et accueillant, le Marriott propose des chambres toutes connectées à l'Internet. Celles en duplex séduiront les familles. Le service est attentif : quotidiens gratuits et panneaux en braille. *V Celnici 8 • plan G2 • 222 888888 • www.marriott.com • AH* • **KKKK.**

6 Hilton

Le plus grand hôtel de convention de Prague renferme près de 800 chambres et suites, un vaste club de forme, un casino et les plus importantes infrastructures de réunion en dehors du palais des Congrès de Vyšehrad. Les prix baissent en été. *Pobřežní 1 • plan H1 • 224 842458 • www.hilton.com • AH* • **KKKKK.**

7 Prague Renaissance

Entre Masarykovo nádraží et la Vieille Ville, le club de forme de cet établissement de 314 chambres et 12 suites, toutes dotées de la télévision par satellite, comprend une piscine. *V Celnici 7 • plan G2 • 221 821111 • www.renaissancehotels.com • AH* • **KKKK.**

8 Kampa Hotel

Acheté récemment par Best Western, le Kampa occupe un bâtiment du XVIIe s. et son restaurant joue à fond sur le registre moyenâgeux. Les 84 chambres sont petites, mais douillettes. *Všehrdova 16 • plan C4 • 257 320508 • www.best-western.com • pas de climatisation* • **KKKK.**

9 Radisson SAS Alcron

L'hôtel Alcron a retrouvé sa splendeur des années 1930, époque où il rivalisait avec les grands palaces européens. Il renferme deux excellents restaurants. *Štěpánská 40 • plan F5 • 222 820000 • www.radisson.com/praguecs • AH* • **KKKKK.**

10 Comfort Hotel Prague

Plus proche de l'aéroport Ruzyně *(p. 126)* que du centre-ville, le Comfort compte 135 chambres sans prétention, mais propres et équipées de la télévision par satellite. Il possède un parc de stationnement et un club de forme doté d'un sauna. *Mrkvičkova 2, Prague 5 • 235 321060 • www.fortunahotels.com • pas de climatisation* • **KK.**

Gauche **Hotel Metamorphis** Droite **Hotel Ungelt**

TOP 10 Hôtels de la Vieille Ville

1 Casa Marcello

Le décor des chambres élégantes respecte le caractère d'une maison remontant au XIIe s., et dont les escaliers et les couloirs donnent l'impression d'appartenir à une gravure d'Escher. Les hôtes disposent d'un petit club de forme et d'un excellent restaurant. *Řásnovka 783* • *plan N1* • *222 310260* • *www.casa-marcello.cz* • **KKKKK.**

2 Inter-Continental

Très confortable, l'Inter-Continental possède un grand club de forme équipé de matériel de musculation, d'une piscine et d'un green d'exercice. Les chambres côté ville sont moins chères que celles donnant sur la Vltava. *Náměstí Curieových 5* • *plan E1* • *296 631111* • *www.interconti.com* • **KKKK.**

3 Černá liška

Difficile de trouver mieux situé que le « Renard Noir », le seul hôtel de la place de la Vieille-Ville. En face de la maison natale de Franz Kafka, il jouit d'une vue dégagée sur les églises Saint-Nicolas et Notre-Dame-de-Týn, mais ne possède que douze chambres. Mieux vaut réserver le plus tôt possible. *Mikulášská 2* • *plan M3* • *224 322250* • *www.cernaliska.cz* • *pas de climatisation* • **KKKK.**

4 U Zlaté studny

Avec son cachet historique et sa cave légendaire (demandez l'histoire du puits), « Au Puits d'Or » (à ne pas confondre avec son homonyme de Malá Strana) vous fournira de bons souvenirs. Les enfants de moins de 15 ans ne paient pas. *Karlova 3* • *plan K5* • *222 220262* • *www.uzlatestudny.cz* • **KKKK.**

5 Hotel Metamorphis

Le Metamorphis offre à la fois élégance et confort dans une maison bordant la cour de l'Ungelt. Il ne possède pas d'ascenseur. Le restaurant de la cour intérieure attire une clientèle nombreuse en été. *Malá Štupartská 5* • *plan N3* • *221 771011* • *www.metamorphis.cz* • **KKKK.**

6 U Medvídků

Au-dessus de la brasserie Budvar, la plus appréciée de la ville, « À l'Ours » jouit d'une situation centrale près de stations de tramways et de métro. *Na Perštýně 7* • *plan L6* • *224 211916* • *www.umedviku.cz* • *pas de climatisation* • **KKK.**

7 Hotel Ungelt

Deux fantômes, au moins, hantent le voisinage, mais ils n'ont semble-t-il jamais troublé le sommeil des occupants des neuf appartements de cet édifice du Xe s. Réservez tôt. *Malá Štupartská 1* • *plan N3* • *224 828686* • *www.ungelt.cz* • *pas de climatisation* • **KKKKK.**

8 Hotel Clementin

Le Clementin peut se vanter d'être l'immeuble le plus étroit de Prague. Les neuf chambres de ce bâtiment d'origine gothique sont petites mais agréables. *Seminářská 4* • *plan K4* • *222 221798* • *www.clementin.cz* • *pas de climatisation* • **KKKK.**

9 Hotel U staré paní

Cet établissement moderne, propre, sans prétention et au personnel souriant loue 18 chambres dotées d'un minibar et de la télévison par satellite. Vous préférerez peut-être descendre au club de jazz. *Michalská 9* • *plan L5* • *224 228090* • *www.ustarepani.cz* • *pas de climatisation* • **KKK.**

10 Dům u krále Jiřího

«Au Roi Georges » occupe un édifice du XIVe s. à la belle charpente apparente dans les combles. Au rez-de-chaussée, vous pourrez prendre un petit déjeuner irlandais au James Joyce. *Liliová 10* • *plan K5* • *221 466100* • *www.kinggeorge.cz* • *pas de climatisation* • **KKK.**

Sauf indication contraire, les hôtels acceptent les cartes de paiement et toutes les chambres disposent d'une salle de bains et sont climatisées.

Catégories de prix

Prix par nuit pour une chambre double avec petit déjeuner (s'il est inclus), taxes et service compris.		
	K	moins de 1 500 Kč
	KK	1 500 Kč-3 000 Kč
	KKK	3 000 Kč-4 500 Kč
	KKKK	4 500 Kč-6 000 Kč
	KKKKK	plus de 6 000 Kč

Ci-dessus **Hotel Čertovka**

TOP 10 Hôtels de Malá Strana et Hradčany

1 U Tří Pštrosů
« Aux Trois Autruches » doit son nom à la fresque commandée en 1606 par un prospère négociant en plumes d'autruche. La proximité du pont Charles ne nuit pas au calme qui règne dans les chambres confortables. ✆ *Dražického náměstí 12 • plan D3 • 257 532410 • www.upstrosu.cz • pas de climatisation* • **KKKKK.**

2 Rezidence Lundborg
Les 13 suites ont vue du pont Charles et sont équipées d'un ordinateur. L'appartement sous les combles abrite un jacuzzi et une cheminée. Des fondations du pont Judith sont visibles dans la cave. ✆ *U lužického semináře 3 • plan D2 • 257 011911 • www.lundborg.cz* • **KKKKK.**

3 Hotel Čertovka
Comme son nom l'indique, l'hôtel borde le canal isolant l'île Kampa. Les chambres du dernier étage donnent vue du château. ✆ *U lužického semináře 2 • plan D2 • 257 011500 • www.certovka.cz • pas de climatisation* • **KKKKK.**

4 Hotel Sax
Au cœur de Malá Strana, à courte distance de l'église Saint-Nicolas, de Notre-Dame-des-Victoires et du château de Prague, les 19 chambres et les 3 suites du moderne Sax entourent un long atrium lumineux. ✆ *Jánský vršek 3 • plan B3 • 257 531268 • www.sax.cz • pas de climatisation* • **KKK.**

5 Hotel Waldstein
Contigu au somptueux palais baroque du comte Albrecht von Wallenstein, cet établissement accueillant domine une paisible cour intérieure et loue 9 appartements et 4 chambres doubles meublés d'antiquités et de reproductions. ✆ *Valdštejnske nám. 6 • plan C2 • 257 533938 • waldstein@avetravel.cz • pas de climatisation* • **KKKKK.**

6 Zlatá Hvězda
Construit en 1327 pour le maire de Hradčany, le bâtiment prit son visage actuel entre 1723 et 1732. Ses chambres et appartements aux salles de bains modernes abritent des meubles d'époque. La chambre n° 33 est splendide. ✆ *Nerudova 48 • plan C2 • 257 532867 • www.hotelgoldenstar.com • pas de climatisation* • **KKKKK.**

7 Biskupský dům
La « Maison de l'Évêque » propose 45 chambres aménagées avec goût dans une ancienne résidence épiscopale et dans un immeuble occupé par une boucherie au XVIIIe s. ✆ *Dražického náměstí 6 • plan D3 • 257 532320 • ww.hotelbishopshouse.com • pas de climatisation* • **KKKKK.**

8 Dům U Červeného Lva
Depuis la « Maison au Lion Rouge », où naquit en 1668 le peintre Petr Brandl, la vue porte au nord sur le château de Prague et Nerudova, et au sud sur la colline de Petřín. La chambre n° 32 est très agréable. ✆ *Nerudova 41 • plan C2 • 257 533832 • www.hotelredlion.com • pas de climatisation* • **KKKKK.**

9 Domus Henrici
La maison, à un jet de pierre du château, remonte au moins à 1372. Toutes les chambres (9) donnent sur la colline de Petřín. ✆ *Loretánská 11 • plan B2 • 220 511369 • www.domus-henrici.cz • pas de climatisation* • **KKKK.**

10 U Modrého klíče
« À la Clé Bleue » vient d'ouvrir, mais l'immeuble, à quelques pas des rails du tramway, date du XIVe s. Toutes les chambres possèdent une cuisinette. Vous jouirez d'une belle vue du château aux n°s 126 et 127. ✆ *Letenská 14 • plan D2 • 257 534361 • www.bluekey.cz • pas de climatisation* • **KKKK.**

Gauche **Portier de l'Hotel Palace** Droite **Hotel Evropa**

TOP 10 Hôtels de la Nouvelle Ville

1 Hotel Palace

Réputé pour la qualité du service, et un standing égal à celui des hôtels de la place Venceslas voisine, le Palace propose plusieurs forfaits, dont une lune de miel de deux jours. Les salles de bains sont en marbre. *Panská 12 • plan N5 • 224 093111 • www.palacehotel.cz • AH* • **KKKKK.**

2 Hotel Jalta

Cet hôtel design de la place Venceslas loue 89 chambres et 5 suites aménagées avec goût. Les clients disposent d'une garderie et d'un pressing. Le restaurant sert une curieuse combinaison de mets traditionnels de Bohême et de spécialités japonaises. *Václavské náměstí 45 • plan N6 • 222 822111 • www.jalta.cz • AH* • **KKKKK.**

3 Hotel 16 U sv Kateřiny

De petites excentricités comme une exposition de bric-à-brac provenant du bazar voisin contribuent au charme de cette pension. Elle est située près du jardin botanique et de la Vltava et est tenue par une famille. Les chambres et les appartements somptueusement meublés sont d'un excellent rapport qualité-prix. *Kateřinská 16 • plan F6 • 224 919676 • AH* • **KKK.**

4 Hotel Axa

Le bâtiment fonctionnaliste date des années 1930 et possède un intérieur sobre et ensoleillé. Les chambres du sixième étage donnent vue du château de Prague. La piscine en sous-sol n'appartient pas à l'hôtel et les hôtes doivent payer pour pouvoir y accéder. *Na Poříčí 40 • plan G2 • 224 812580 • pas de climatisation* • **KKK.**

5 Hotel Adria

À l'emplacement du couvent des carmélites dont dépendait Notre-Dame-des-Neiges, les 88 chambres qui donnent sur le jardin franciscain ou sur la place Venceslas sont confortables. On peut garer sa voiture non loin dans un parking gardé. *Václavské náměstí 26 • plan N6 • 221 081111 • www.hoteladria.cz* • **KKKK.**

6 Hotel Opera

Même si elles ne remplissent pas tout à fait les promesses de la façade néo-Renaissance rose, les chambres, lumineuses et bien meublées, sont d'un remarquable rapport qualité-prix. Parmi les plus séduisantes figurent la n° 107, décorée de reproductions de Mucha, et la n° 106, à l'angle, dotée d'une grande salle de bains. *Těšnov 13 • plan H1• 222 315609 • www.hotel-opera.cz • pas de climatisation* • **KKK.**

7 Hotel Evropa

Malgré l'élégance de la façade et du café Art nouveau, l'intérieur un peu suranné déçoit, et toutes les chambres n'ont pas leur propre salle de bains. Celles du premier et du deuxième étage offrent une bonne vue de la place. *Václavské náměstí 25 • plan N6 • 224 228117 • www.europahotel.cz • pas de climatisation* • **KKK.**

8 Novoměstský Hotel

Le personnel fait preuve de beaucoup de bonne volonté. L'hôtel, un peu démodé, est proche de Karlovo Náměstí et de l'hôtel de ville de la Nouvelle Ville. *Řeznická 4 • plan F5 • 222 234 1498 • novomest@suz.cvut.cz • pas de climatisation* • **KKK.**

9 Hotel Elite

Près du Théâtre national, un immeuble du XIVe s. rénové en 2001 abrite 79 chambres décorées d'antiquités, mais dotées de la télévision par satellite. *Ostrovní 32 • plan E4 • 224 932250 • www.hotelelite.cz* • **KKKK.**

10 Hotel-Pension Páv

À côté de la brasserie historique U Fleků, les chambres spacieuses abritent du mobilier en acajou. *Křemencova 13 • plan E5 • 224 933760 • www.pension-pav.cz* • **KKKK.**

Sauf indication contraire, les hôtels acceptent les cartes de paiement et toutes les chambres disposent d'une salle de bains et sont climatisées.

Ci-dessus **Botel Albatros**

Catégories de prix

Prix par nuit pour une chambre double avec petit déjeuner (s'il est inclus), taxes et service compris.		
	K	moins de 1 500 Kč
	KK	1 500 Kč-3 000 Kč
	KKK	3 000 Kč-4 500 Kč
	KKKK	4 500 Kč-6 000 Kč
	KKKKK	plus de 6 000 Kč

TOP 10 Hôtels de genre

1 Hotel Kafka

Économiques, les appartements peuvent accueillir jusqu'à sept personnes. Personne n'a jamais été transformé en cafard à son réveil comme le héros de *La Métamorphose.* *Cimburkova 24, Žižkov • plan B6 • 224 617118 • pas de climatisation* • **KK.**

2 Botel Racek

Amarré sur la rive droite de la Vltava près du club nautique local et d'un grand centre de natation, ce bateau abrite 70 cabines, un restaurant, et une discothèque aménagée sur le pont supérieur. Depuis l'arrêt proche, les tramways vous conduiront en ville en 10 mn. *Na Dvorecké louce, Podolí • 241 431628 • www.botelracek.cz • pas de climatisation* • **KK.**

3 Botel Albatros

L'Albatros revendique son romantisme, et quiconque prend un verre sur le pont en contemplant le château est envahi par ce sentiment. La place de la Vieille-Ville se trouve à 10 min à pied. *Nábřeží Ludvíka Svobody • 224 810547 • www.botel albatros.cz • pas de climatisation* • **KK.**

4 Botel Admiral

Sur la rive opposée à Palackého náměstí et aux flèches modernes du couvent d'Emmaüs, quatre appartements permettent de loger sur l'eau. Les hôtes disposent aussi de 84 chambres et d'un service complet de laverie. *Hořejší nábřeží, Smíchov • plan A6 • 257 321302 • www.admiral-botel.cz • pas de climatisation* • **KK.**

5 Hotel Cloister Inn

L'« Hôtellerie du Cloître » occupe le site d'un couvent fondé par les jésuites. Malgré une certaine austérité, les 73 chambres sont d'un bon rapport qualité-prix pour le quartier. *Konviktská 14 • plan K6 • 224 211020 • www.cloister-inn.com* • **KKK.**

6 Hotel Expo'

Près du parc de Stromovka, l'établissement accueille les participants aux foires commerciales organisées dans le parc des Expositions voisin. Les 105 chambres sont équipées de la télévision par satellite. Sauna et massage possibles. *Za elektrárnou 3, Holešovice • plan B5 • 266 712470 • www. expoprag.cz • AH* • **KKK.**

7 Hotel Pyramida

Ce grand hôtel proche du château de Prague ressemble à une pyramide aztèque. Les tramways qui s'arrêtent devant rejoignent le centre par un itinéraire pittoresque. Le bâtiment abrite un grand club de forme et un cinéma. *Bělohorská 24 • plan B2 • 233 355109 • www.hotel pyramida.cz • pas de climatisation* • **KKK.**

8 Hotel Squash

L'hôtel se trouve dans une jolie vallée à la limite sud de la ville, près du confluent de la Berounka et de la Vltava. Les chambres dans les combles ont beaucoup de cachet. *K Cementárně 1427, Radotín • 257 912024 • recepce@hotelsquash.cz • pas de climatisation* • **K.**

9 Hotel Radegast

Le Radegast tient son nom d'une marque de bière. Ses 22 chambres sont simples mais confortables. Il est situé près du monument du champ de bataille de Bílá Hora et du parc arboré de Divoka Šárka. Des bus conduisent au centre et à l'aéroport. *Radčina 11, Liboc • 235 356517 • pas de climatisation* • **KK.**

10 Domeček ve Střešovicích

Il faut séjourner au moins trois jours pour profiter, d'avril à octobre, d'un cadre rural à seulement 15 mn à pied du château de Prague. *Pod novým lesem 23, Střešovice • 233 920120 • interacta@vol.cz. • pas de climatisation* • **KK.**

Gauche **Hostel ELF** Droite **Hostel Advantage**

TOP 10 Auberges de jeunesse

1 Hostel Sokol

Nommé d'après l'association de promotion de la culture physique de la Première République, cet établissement non fumeur de Malá Strana partage le palais Tyrý avec un musée. Ses chambres doubles et les huit dortoirs de 12 lits se trouvent à l'étage. *Nosticova 2 • plan D3 • 257 007397 • www.sokol.cos.cz • pas de climatisation* • **K.**

2 Travellers' Hostel

Cette auberge de jeunesse indépendante se trouve dans la Vieille Ville au-dessus de la boîte de nuit Roxy. En été, la même société tient plusieurs autres centres d'hébergement. *Dlouhá 33 • plan M2 • 224 826662 • www.travellers.cz • pas de climatisation* • **K.**

3 Hotel Imperial

L'Imperial était un hôtel de standing pendant la Première République, mais, confronté aux difficultés de rénovation d'un édifice historique, son propriétaire a préféré le transformer en auberge de jeunesse. Le lieu a perdu son élégance, mais reste charmant. Les chambres accueillent de 1 à 4 personnes. *Na Poříčí 15 • plan G2 • 222 316012 • www.hotelimperial.cz • pas de climatisation* • **KK.**

4 Sir Toby's Hostel

Le personnel se donne beaucoup de mal pour se montrer hospitalier, organisant des soirées et aidant les visiteurs à trouver un autre hébergement quand toutes les places sont prises. Les chambres, les sanitaires et la cuisine se distinguent par leur propreté. *Dělnická 24, Holešovice • plan B5 • 283 870635 • www.sirtobys.com • AH • pas de climatisation • pas de cartes de paiement* • **K.**

5 Boathouse Hostel

À 20 mn du centre, le Boathouse impose des règles strictes, mais offre de nombreux services tels que blanchisserie, accès à l'Internet et locations de bicyclettes. Les chambres ont de 3 à 9 lits. *Lodnická 1 • 415 658580 • info@hostel.cz • pas de climatisation • pas de cartes de paiement* • **K.**

6 Hostel Klub Habitat

Vous trouverez ici une trentaine de lits répartis en chambres de 4 à 6 personnes. *Na Zderaze 10 • plan E5 • 224 916845 • www.euroagentur.cz • pas de climatisation • pas de cartes de paiement* • **K.**

7 Clown and Bard

Situé près d'un grand jardin à bière sur une rue bordée de brasseries, cet établissement très apprécié comprend un café qui reçoit de temps en temps des musiciens. Les logements vont du dortoir de 35 lits à l'appartement pour 6 personnes avec cuisine et salle de bains. *Bořivojova 102, Žižkov • plan B6 • 222 716453 • www.clownandbard.com • pas de climatisation • pas de cartes de paiement* • **K.**

8 Hostel ELF

Près des principales gares routière et ferroviaire, les chambres accueillent de 1 à 6 personnes. Leurs occupants disposent d'une cuisine, d'une salle de repos et d'un jardin. Le personnel organise des visites. *Husitská 11• plan H3 • 222 540963 • www.hostelelf.com • pas de cartes de paiement • pas de climatisation* • **K.**

9 Hostel Advantage

Les chambres abritent de 1 à 7 lits, et les étages comptent chacun deux cuisines et une salle de télévision. *Sokolská 11-13 • plan G5 • 5721 0410 • interacta@vol.cz • pas de climatisation* • **K.**

10 Hostel Etec Strahov

À côté d'un jardin à bière, ces dortoirs pour étudiants reçoivent des visiteurs de juillet à septembre. *Vanickova 5, Strahov • plan A4 • 257 210410 • interacta@vol.cz • pas de climatisation* • **K.**

Gauche **Pension Cora** Droite **Pension Denisa**

Catégories de prix

Prix par nuit pour une chambre double avec petit déjeuner (s'il est inclus), taxes et service compris.

K	moins de 1 500 Kč
KK	1 500 Kč-3 000 Kč
KKK	3 000 Kč-4 500 Kč
KKKK	4 500 Kč-6 000 Kč
KKKKK	plus de 6 000 Kč

TOP 10 Pensions et Bed-and-Breakfasts

1 U Raka

« À l'Écrevisse » est l'adresse la plus romantique de Prague, près du château et de Notre-Dame-de-Lorette. Une ancienne grange bâtie en 1739 abrite de charmantes chambres rustiques. La n° 6 possède ses propres jardin, puits et cheminée. Interdits aux enfants de moins de 12 ans. *Černínská 10 • plan A2 • 220 511100 • www.romantikhotels.com /prag* • **KKKKK.**

2 Pension Dientzenhofer

C'est dans cette maison calme au bord de la Čertovka que Kilian Ignaz Dientzenhofer, architecte de l'église Saint-Nicolas, vit le jour. L'accueil est chaleureux et le jardin idyllique. *Nosticova 2 • plan D3 • 257 311319 • dientzenhofer @volny.cz* • **KKK.**

3 Pension Salieri

À quelques pas du pont Charles, au cœur de la Vieille Ville, cette pension modeste est très animée. *Liliová 18 • plan K5 • 222 220196 • www. gastroinfo.cz/salieri • pas de climatisation* • **K.**

4 Pension Vyšehrad

Proche de transports publics, ce charmant établissement au splendide jardin se trouve presque dans les murs de Vyšehrad ; vous pourrez profiter du parc au coucher du soleil. Les quatre chambres sont simples mais confortables. Animaux de compagnie acceptés sans supplément. *Krokova 6 • plan B6 • 241 408455 • www. pension-vysehrad.cz • pas de climatisation* • **K.**

5 Pension Cora

Dans un quartier résidentiel du sud-est de Prague, les hôtes disposent pour leurs déplacements de bus et des voitures de la pension. Les prestations comprennent la télévison par satellite, une salle de billard et un copieux petit déjeuner. *Ve Studeném 7a, Braník • 241 490004 • corahotel@telecom.cz • pas de climatisation* • **KK.**

6 Pension Denisa

Dans un quartier tranquille, à quelques pas du métro, les 35 chambres récemment renovées abritent toutes un réfrigérateur et un téléviseur recevant les chaînes par satellite. Le petit déjeuner est servi dans la chambre. *Národní obrany 33, Dejvice • plan A5 • 233 340224 • denisa@avetravel.cz • pas de climatisation* • **KK.**

7 Church Pension

L'Église évangélique des frères tchèques fait ici preuve de son sens de l'hospitalité. Les quelques chambres ont l'austérité voulue par la vocation religieuse du lieu et ne possèdent pas toutes de salle de bains. Vous verrez peut-être un groupe de prière dans la salle commune. *Jungmannova 9 • plan M6 • 296 245432 • www.churchpension.cz • pas de climatisation* • **KK.**

8 Čelakovskeho sady

À 3 mn à pied de la place Venceslas. Les chambres et les appartements de ce Bed-and-Breakfast accueillant sont très bien équipés. *Čélakovského sady 8 • plan G5 • 257 210410 • interacta@vol.cz • pas de climatisation* • **KK.**

9 Pension Standard

Neuf chambres doubles et deux suites offrent un hébergement de premier choix dans une maison Jugendstil dotée d'un garage au bord de la Vltava. Les enfants de moins de 7 ans ne paient pas. *Rašínovo nábřeží 38 • plan B6 • 224 916060 • www.standard.cz* • **KK.**

10 Hotel Marit

Dans un quartier résidentiel, les hôtes du Marit ont l'impression d'être reçus à la maison. La télévison par satellite équipe les chambres, et les enfants de moins de 10 ans paient demi-tarif. *Čapkova 13, Michle • 261 223842 • www.hotel marit.cz • pas de climatisation* • **KK.**

Gauche **Residence Řetěžová** Droite **Maison « Au Nouveau Monde »**

Top 10 Appartements

1 Apartment Lužická
Meublé avec goût et simplicité, ce spacieux deux-pièces dans une rue arborée de Vinohrady possède une cuisine lumineuse où rien ne manque (machine à laver, réfrigérateur garni). *Lužická 14, Vinohrady • plan B6 • 251 512502 • paccommodation@volny.cz • pas de climatisation* • **KK.**

2 Residence Řetěžová
En pleine Vieille Ville, cet ancien palais baptisé « Aux Trois Chaînes d'Or » a été divisé en neuf appartements de style (plafonds voûtés et sols carrelés ou parquetés) spacieux. *Řetěžova 9 • plan K5 • 222 221800 • www.residenceretezova.com* • **KKK.**

3 Maison « Au Nouveau Monde »
Tout Pragois rêve de posséder une résidence dans cette rue splendide derrière le château. Spacieuse et équipée du chauffage central au gaz, la maison possède un aménagement intérieur moderne, trois chambres, deux salles de bains, une cuisine entièrement équipée et un grand séjour doté d'une cheminée. *Nový Svět 15 • plan A2 • 233 920118 • interacta@vol.cz • pas de climatisation* • **KK.**

4 Apartments Vlašská
Dans une rue de Malá Strana bordée de palais historiques, les quatre appartements rénovés sont dotés de poutres peintes, de grandes fenêtres, de meubles anciens et de sanitaires modernes. *Vlašská 7-8 • plan B3 • 233 920118 • interacta@vol.cz • AH • pas de climatisation* • **KKK.**

5 Residence Nosticova
À quelques minutes à pied du pont Charles, dans une partie peu fréquentée de Malá Strana, le raffinement des décors à thème justifie le succès remporté auprès des vedettes de cinéma, entre autres célébrités. *Nosticova 1 • plan D3 • 257 312513 • www.nosticova.com • pas de climatisation* • **KKKKK.**

6 Villa Franklin D. Roosevelt
Dans l'élégant quartier diplomatique de Prague, l'ancienne résidence de l'attaché culturel américain renferme trois appartements Art déco et un bain de vapeur. Les hôtes de marque peuvent louer des voitures blindées et engager des gardes du corps. *Rooseveltova 18, Bubeneč • plan A5 • 224 310478 • www.villa-roosevelt.cz • pas de climatisation • AH* • **KKK.**

7 Apartments Slezská
À proximité de stations de métro et de tramways, une agence de réservation propose trois appartements aux cuisines bien équipées. *Slezská 23, Vinohrady • plan B6 • 233 920118 • interacta@vol.cz • pas de climatisation* • **K.**

8 Byt Víta Nejedlého
Au cœur de Žižkov, ce deux-pièces à louer pour cinq jours minimum comprend une chambre double et une cuisine faisant séjour. Machine à laver et téléviseur. *Víta Nejedlého 22, Žižkov • plan B6 • 233 920118 • www.hotelsprague.cz/nejedleho • pas de climatisation* • **K.**

9 Privát Pankrác
Un grand appartement situé au troisième étage possède 2 chambres, 1 salle de bains et 1 cuisine. Transport gratuit depuis et jusqu'à l'aéroport si vous restez plus de 7 jours. *Na Jezerce 9, Pankrác • www.hotelsprague.cz/pankrac • pas de climatisation* • **K.**

10 Pension Klenor
À 5 km du centre, la pension Klenor loue 10 chambres avec bains et télévison par satellite. Il y a une piscine en plein air. *Ve Studeném 6, Braník • 241 723240 • pas de climatisation* • **KK.**

Un séjour minimum de trois jours ou une semaine est imposé dans beaucoup d'appartements : vérifiez à la réservation.

Ci-dessus **Hotel Anna**

Catégories de prix

Prix par nuit pour une chambre double avec petit déjeuner (s'il est inclus), taxes et service compris.		
	K	moins de 1 500 Kč
	KK	1 500 Kč-3 000 Kč
	KKK	3 000 Kč-4 500 Kč
	KKKK	4 500 Kč-6 000 Kč
	KKKKK	plus de 6 000 Kč

TOP 10 Hôtels hors du centre

1 Hotel Diplomat

Proche de l'aéroport Ruzyně, mais hors de la zone bruyante, le Diplomat renferme 398 chambres et suites, plusieurs restaurants et un service affaires. L'accès au centre-ville est aisé, et les enfants de moins de 6 ans partagent gratuitement la chambre de leurs parents. *Evropská 15, Dejvice • plan A5 • 296 559111 • www.diplomat-hotel.cz • AH* • **KKK.**

2 Dorint Don Giovanni Prague

Proche de stations de métro, de bus et de tramways, cet hôtel de chaîne loue 400 chambres et 43 suites d'un bon rapport qualité-prix. Centre thermal et service de baby-sitting. *Vinohradská 157, Žižkov • plan B6 • 267 031111 • www.dorint.de/Prag • AH* • **KKKK.**

3 Hotel Praha

L'édifice curviligne est un bel exemple d'architecture moderne construit par les communistes au sein d'un parc de 8 ha pour recevoir les délégations officielles. Les chambres spacieuses offrent une vue splendide de la ville et du château. Les hôtes disposent d'une piscine et de tennis. *Sušická 20, Dejvice • plan A5 • 224 341111 • www.htlpraha.cz • AH* • **KKKKK.**

4 Hotel Belvedere

Proche du palais Veletržní *(p. 26-27)*, le Belvedere est à une courte distance à pied de la Vieille Ville et du château de Prague. Des tramways s'arrêtent devant l'entrée. Les chambres manquent un peu de gaieté. *Milady Horákové 19, Holešovice • plan B5 • 220 106111 • www.belvedere-hotel.com • AH* • **KKK.**

5 Hotel Sieber

Cet ancien immeuble d'appartements bâti en 1889, endommagé par un bombardement en 1945, puis nationalisé après la guerre, est redevenu la propriété de la famille Sieber en 1991. Le personnel se distingue par sa gentillesse. *Slezská 55, Žižkov • plan B6 • 224 250025 • www.sieber.cz* • **KKKK.**

6 Hotel Anna

À Vinohrady, dans une ancienne résidence privée de style Art nouveau, des gravures historiques décorent les 22 chambres. Les suites du dernier étage donnent vue du château et de la Vieille Ville. *Budečská 17 • plan B6 • 222 513111 • www.hotelanna.cz • AH • pas de climatisation* • **KK.**

7 Hotel Vyšehrad

Entre la place Venceslas et Vyšehrad, cet établissement a conservé le cachet du XIXᵉ s tout en offrant télévision par satellite et connexion à l'Internet. *Marie Cibulkové 29, Vyšehrad • plan B6 • 261 225592 • www.hotelvysehrad.cz* • **KKK.**

8 Hotel Excellent

Magré sa situation isolée, ce petit hôtel mérite son nom. Les propriétaires vous réserveront avec plaisir des billets de train ou d'avion, ou vous feront découvrir leur ville. *Líbeznická 164/19, Kobylisy • 284 687295 • www.hotel-excellent.cz • pas de climatisation* • **KK.**

9 Hotel Julián

À courte distance de Malá Strana, un charmant immeuble Art nouveau renferme un centre d'affaires. La bibliothèque abrite une cheminée, et la suite n° 402 possède une cuisine. *Elišky Peškové 11, Smíchov • plan A6 • 257 311150 • www.julian.cz • AH* • **KK.**

10 Hotel Vaníček

Depuis le flanc de la colline de Petřín, le Vaníček domine Smíchov, et ses terrasses donnent vue de la Vltava. Les chambres et les prestations sont sans prétention. *Na Hřebenkách 60, Smíchov • plan A6 • 257 320414 • hotel.vanicek@pha.inecnet • pas de climatisation* • **KKK.**

Sauf indication contraire, les hôtels acceptent les cartes de paiement et toutes les chambres disposent d'une salle de bains et sont climatisées.

Index

T

U

Remerciements

Auteur principal
Originaire des États-Unis, Theodore Schwinke vit en République tchèque depuis 1996. Ancien rédacteur de *The Prague Post*, il travaille actuellement à un livre pour enfants sur l'astronome danois Tycho Brahe, et à un ouvrage ayant pour sujet saint Gorazd de Prague.

Produit par Sargasso Media Ltd, Londres

Direction éditoriale
Zoë Ross
Direction artistique
Philip Lord
Iconographie
Helen Stallion
Correction
Stewart J Wild
Index
Hilary Bird
Collaboration éditoriale
Jakub Sverák

Principal photographe
Nigel Hudson

Photographies d'appoint
Jiři Doležal, Jiři Kopřiva, Vladimír Kozlik, František Přeučil, Milan Posselt, Stanislav Tereba, Peter Wilson

Illustration
chrisorr.com

CHEZ DORLING KINDERSLEY
Direction de la publication
Marisa Renzullo
Éditeur
Douglas Amrine
Responsable de la cartographie
Casper Morris
Informatique éditoriale
Jason Little
Fabrication
Melanie Dowland
Photothèque
Hayley Smith, David Saldanha
Cartographie
Dominic Beddow, Simonetta Giori (Draughtsman Ltd)
Collaboration éditoriale complémentaire
Sherry Collins, Michelle Crane, Tomás Kleisner, Marianne Petrou, Conrad Van Dyk

Crédits photographique
h = en haut ; hg = en haut à gauche ; hgc = en haut à gauche au centre ; hc = en haut au centre ; hd = en haut à droite; cgh = au centre à gauche en haut ; ch = au centre en haut ; cdh = au centre à droite en haut ; cg = au centre à gauche ; c = au centre ; cd = au centre à droite ; cgb = au centre à gauche en bas ; cb = au centre en bas ; cdb = au centre à droite en bas ; bg = en bas à gauche ; bc = en bas au centre ; bcg = en bas au centre à gauche ; bd = en bas à droite ; d = détail.

Malgré le soin apporté à dresser la liste des photographies publiées, nous demandons à ceux qui auraient été involontairement omis de bien vouloir nous en excuser. Cette erreur serait corrigée à la prochaine édition de l'ouvrage.

L'éditeur exprime sa reconnaissance aux particuliers, sociétés et photothèques qui ont autorisé la reproduction de leurs photographies.

AGK London : 11, 34hd, 35hg, 35 hd, 44hg, 44hc, 45hg, 45hd, 53h, Éric Lessing : 34b, 44b
Biograf Jan Sverak/Portobello Pictures/ avec l'aimable autorisation de The Kobal Collection : 46hd
Corbis : 35bg, 44hd ; Office du tourisme tchèque : 1, 20-21, 70-71, 72hd, 73h, 90hg, 92h, 93d, 108-109, 114hg, 118-119; Agence de presse tchèque CTK : 4-5, 7h, 52hc, 52hd, 55bd, 68hg, 68hd, 68c, 69bg, 69d, 76hd, 91h, 94-95, 115b, 116, 117h, 122hd, 135hd
Fortean Picture Library : 52hg
Il Ritrovo : 123
Ruud Jonkers : 47r
Kaplan Productions : 25, 35bd, 45bd, 52b
La Crêperie: 122hg
Mandalay Entertainment/ avec l'aimable autorisation de The Kobal Collection ; 46b
Galerie nationale : Paul Cézanne *Maison et ferme du Jas de Bouffan*, 1885-1887, 26c, Eugène Delacroix *Jaguar attaquant un cavalier*, 27c, Paul Gauguin *Bonjour, Monsieur Gauguin*, 18, 26b, Vincent Van Gogh *Champ de blé vert avec cyprès*, 1889, 27b, Otto Gutfreund *Anxiété*, 1912-1913, 7c, 27cd, Auguste Rodin *Saint Jean-Baptiste*, 1878, 27c
Orion/The Ronald Grant Archive : 46c
Paramount Pictures/Courtesty The Kobal Collection : 46hg
Saul Zaentz Company/ avec l'aimable autorisation de The Kobal Collection : 47hg

Couverture :
Première de couverture : DK PICTURE LIBRARY, Vladimir Kozlik b ; Peter Wilson - photo principale, cgh, cgb, hc.
Quatrième de couverture : DK PICTURE LIBRARY, Jiri Kopriva hg, Vladimir Kozlik hd, Peter Wilson hc.

Lexique

En cas d'urgence

Au secours ! — **Pomoc!**
Arrêtez ! — **Zastavte!**
Appelez un médecin ! — **Zavolejte doktora!**
Appelez une ambulance ! — **Zavolejte sanitku!**
Appelez la police ! — **Zavolejte policii!**
Appelez les pompiers ! — **Zavolejte hasiče!**
Où est le téléphone ? — **Kde je telefón?**
l'hôpital le plus proche ? — **nejbližší nemocnice?**

L'essentiel

Oui/non — **Ano/Ne**
S'il vous plaît — **Prosím**
Merci — **Děkuji vám**
Excusez-moi — **Prosím vás**
Bonjour — **Dobrý den**
Au revoir — **Na shledanou**
Bonsoir — **Dobrý večer**
matin — **ráno**
après-midi — **odpoledne**
soir — **večer**
hier — **včera**
aujourd'hui — **dnes**
demain — **zítra**
ici — **tady**
là — **tam**
Quoi ? — **Co?**
Quand ? — **Kdy?**
Pourquoi ? — **Proč?**
où ? — **Kde?**

Quelques phrases utiles

Comment allez-vous ? — **Jak se máte?**
Très bien, merci. — **Velmi dobře děkuji**
Ravi de faire votre connaissance — **Těší mě**
À bientôt — **Uvidíme se brzi**
C'est parfait — **To je v pořádku**
Où est/sont.... ? — **Kde je/jsou...?**
Combien de temps pour aller à... ? — **Jak dlouho to trvá se dostat do...?**
Comment aller à... ? — **Jak se dostanu k...?**
Parlez-vous français ? — **Mluvíte francouský?**
Je ne comprend pas — **Nerozumím**
Pourriez-vous parler plus lentement ? — **Mohl(a)* byste mluvit trochu pomaleji?**
Pardon ? — **Prosím?**
Je suis perdu — **Ztratil(a)* jsem se**

Quelques mots utiles

grand — **velký**
petit — **malý**
chaud — **horký**
froid — **studený**
bon — **dobrý**
mauvais — **špatný**
bien — **dobře**
ouvert — **otevřeno**
fermé — **zavřeno**
à gauche — **do leva**
à droite — **do prava**
tout droit — **rovně**
près — **blízko**
loin — **daleko**
en haut — **nahoru**
en bas — **dolů**
tôt — **brzy**
tard — **pozdě**
entrée — **vchod**
sortie — **východ**
toilettes — **toalety**
libre — **volný**
gratuit — **zdarma**

Au téléphone

Je voudrais l'interurbain — **Chtěl(a)* bych volat meziměstsky**
Je voudrais téléphoner en P. C. V. — **Chtěl(a)* bych volat na úče volaného**
Je rappellerai plus tard — **Zkusím to později**
Puis-je laisser un message ? — **Mohu nechat zprávu?**
Ne quittez pas — **Počkejte**
Appel local — **místní hovor**

Le tourisme

galerie d'art — **galerie**
arrêt de bus — **autobusová zastávka**
église — **kostel**
jardin — **zahrada**
bibliothèque — **knihovna**
musée — **muzeum**
gare — **nádraží**
information touristique — **turistické informace**
fermé les jours fériés — **státní svátek**

Les achats

Combien cela coûte-t-il ? — **Co to stojí?**
Je voudrais... — **Chtěl(a)* bych...**
Avez-vous... ? — **Máte...?**
Je ne fais que regarder. — **Jenom se dívám.**
Acceptez-vous les cartes bancaires ? — **Berete kreditní karty?**
À quelle heure ouvrez-vous/fermez-vous ? — **V kolik otevíráte/zavíráte?**
ceci — **tento**
cela — **tamten**
cher — **drahý**
bon marché — **levný**
taille — **velikost**
blanc — **bílý**
noir — **černý**
rouge — **červený**
jaune — **žlutý**
vert — **zelený**
bleu — **modrý**
brun — **hnědý**

Les magasins

antiquaire — **starožitnictví**
banque — **banka**
boulangerie — **pekárna**
librairie — **knihkupectví**
boucherie — **řeznictví**
pharmacie — **lékárna**
droguerie — **drogerie**
charcuterie fine — **lahůdky**
grand magasin — **obchodní dům**
épicerie — **potraviny**
verrerie — **sklo**
marché — **trh**
kiosque à journaux — **novinový stánek**
poste — **pošta**
supermarché — **samoobsluha**
débit de tabac — **tabák**
agence de voyages — **cestovní kancelář**

À l'hôtel

Avez-vous une chambre libre ? — **Máte volný pokoj?**
chambre pour deux personnes avec un grand lit — **dvoulůžkový pokoj s dvojitou postelí**
chambre à deux lits — **pokoj s dvěma postelemi**
chambre avec bain — **pokoj s koupelnou**
porteur — **vrátný**
J'ai réservé. — **Mám reservaci.**

Au restaurant

Avez-vous une table pour... ?	**Máte stůl pro ...?**
J'aimerais réserver une table.	**Chtěl(a)* bych rezervovat stůl.**
petit déjeuner	**snídaně**
déjeuner	**oběd**
dîner	**večeře**
L'addition, s'il vous plaît.	**Prosím, účet.**
Je suis végétarien/ne.	**Jsem vegetarián(ka)*.**
Serveuse !	**slečno!**
Garçon !	**pane vrchní!**
menu à prix fixe	**standardní menu**
plat du jour	**nabídka dne**
entrée	**předkrm**
plat principal	**hlavní jídlo**
légumes	**zelenina**
dessert	**zákusek**
supplément couvert	**poplatek**
carte des vins	**nápojový lístek**
saignant	**krvavý**
à point	**středně udělaný**
bien cuit	**dobře udělaný**
verre	**sklenice**
bouteille	**láhev**
couteau	**nůž**
fourchette	**vidlička**
cuillère	**lžíce**

Lire le menu

biftek	bifteck
bílé víno	vin blanc
bramborové knedlíky	knedlíky aux pommes de terre
brambory	pommes de terre
chléb	pain
cibule	oignon
citrónový džus	jus de citron
cukr	sucre
čaj	thé
čerstvé ovoce	fruit frais
červené víno	vin rouge
česnek	ail
dort	gâteau
fazole	haricots
grilované	grillé
houby	champignons
houska	petit pain
houskové knedlíky	knedlíky au pain
hovězí	bœuf
hranolky	frites
husa	oie
jablko	pomme
jahody	fraises
jehněčí	agneau
kachna	canard
kapr	carpe
káva	café
kuře	poulet
kyselé zelí	choucroute
maso	viande
máslo	eau
minerálka šumivá/ nešumivá	eau minérale gazeuse/plate
mléko	lait
mořská jídla	produits de la mer
ocet	vinaigre
okurka	concombre
olej	huile
párek	saucisse
pečené	rôti
pečeny	cuit
pepř	poivre
polévka	soupe
pomeranč	orange
pomerančový džus	jus orange
pivo	bière
rajské	tomate
ryba	poisson
rýže	riz
salát	salade
sůl	sel
sýr	fromage
šunka vařená/uzená	jambon blanc/fumé
telecí	veau
vajíčko	œuf
vařené	bouilli
vepřové	porc
voda	eau
zelí	chou
zelenina	légumes
zmrzlina	crème glacée

Les nombres

1	**jedna**
2	**dvě**
3	**tři**
4	**čtyři**
5	**pět**
6	**šest**
7	**sedm**
8	**osm**
9	**devět**
10	**deset**
11	**jedenáct**
12	**dvanáct**
13	**třináct**
14	**čtrnáct**
15	**patnáct**
16	**šestnáct**
17	**sedmnáct**
18	**osmnáct**
19	**devatenáct**
20	**dvacet**
21	**dvacet jedna**
22	**dvacet dva**
30	**třicet**
40	**čtyřicet**
50	**padesát**
60	**šedesát**
70	**sedmdesát**
80	**osmdesát**
90	**devadesát**
100	**sto**
1 000	**tisíc**
2 000	**dva tisíce**
5 000	**pět tisíc**
1 000 000	**milión**

Le jour et l'heure

une minute	**jedna minuta**
une heure	**jedna hodina**
une demi-heure	**půl hodiny**
jour	**den**
semaine	**týden**
lundi	**pondělí**
mardi	**úterý**
mercredi	**středa**
jeudi	**čtvrtek**
vendredi	**pátek**
samedi	**sobota**
dimanche	**neděle**

** La forme à utiliser pour une femme est indiquée entre parenthèses.*